Votre cuisine sous bonne influence grâce au Feng Shui

Votre **cuisine** sous bonne **influence** grâce au Feng Shui

Simon Brown
Steven Saunders

HACHETTE

Du même auteur

Votre Maison sous bonne influence, éditions Hachette 1998
Votre Avenir sous bonne influence, éditions Hachette 2000
L'essentiel du Feng Shui, éditions Hachette 2000

Traduction : Marie-Claire Seewald
Lecture technique : Élisa Vergne
Adaptation et mise en page : Marie Vendittelli-Latombe, Looping
Maquette de couverture : Guylaine et Christophe Moi

HACHETTE
Pratique

Dépôt légal : 03-387-09-2000
N° d'édition : 0F4432
ISBN 2.01.23.6533.7
23.6533.6/01

sommaire

Cet ouvrage vous apprendra l'art de cuisiner des plats savoureux tout en transformant votre existence de manière positive. En utilisant les préceptes du Feng Shui pour préparer et présenter les aliments, vous améliorerez votre état de santé ; votre énergie s'en trouvera augmentée, vos relations renforcées et votre vie familiale sera plus harmonieuse – tout cela par la seule vertu d'une alimentation bien pensée. Le premier chapitre rappelle les principes du Feng Shui et démontre de quelle façon le choix des ingrédients, les modes de cuisson, mais aussi la présentation et le décor de votre salle à manger peuvent jouer sur vos sensations et sur votre bien-être. Fort de cette connaissance de base, vous serez à même de composer le menu parfait et d'aménager votre salle à manger pour des repas sains et agréables.

1

la théorie

le Feng Shui et le Ch'i fondamental

SELON LA TRADITION ASIATIQUE, le Ch'i constitue un puissant flux d'énergie qui baigne le soleil et les planètes, l'air que nous respirons, les plantes, les animaux et chaque être humain. Bien qu'il nous soit impossible de le voir ou de le sentir comme les autres forces de la nature, nous pouvons prendre conscience de son existence comme si nous possédions un sixième sens.

L'art millénaire du Feng Shui repose sur la théorie que toute chose est imprégnée de Ch'i, et que ce dernier influence tous les aspects de notre vie. Lorsque le flux d'énergie transite par un objet, il prend certaines des caractéristiques de cet objet et vice versa. Ainsi, le Ch'i influence tout ce qu'il touche et inversement.

Chaque élément de l'environnement affecte votre Ch'i personnel, qu'il s'agisse du temps qu'il fait, du paysage, de la maison où vous vivez, de l'endroit où vous travaillez, des gens que vous côtoyez et de la nourriture que vous avalez. L'objectif du Feng Shui est de vous aider à conserver un Ch'i bénéfique et de renforcer votre énergie vitale. Par exemple, si vous avez besoin de vous reposer, vous utiliserez le Feng Shui pour ralentir votre Ch'i. À l'inverse, votre environnement et votre alimentation sont également capables de dynamiser votre énergie personnelle.

LE CH'I DANS L'ALIMENTATION

Chaque type d'aliment possède un Ch'i particulier, déterminé par sa forme, sa couleur, sa texture, voire le climat et le sol de la région où il a été produit. Un légume-racine qui pousse en pleine terre, comme la carotte, aura un Ch'i plus puissant qu'un végétal qui se développe hors du sol, comme la courge ou la citrouille. Les poissons très actifs sont porteurs d'un Ch'i dynamique, alors que leurs congénères plus calmes tout comme les fruits de mer ont un Ch'i plus doux. La même théorie est valable pour la viande, selon l'animal dont elle provient. Un poulet véhicule un Ch'i plus actif qu'une vache, par exemple.

Les aliments qui contiennent la plus grande quantité de Ch'i sont ceux que nous appellerons les « aliments de vie ». Ce sont les légumes, les fruits, les céréales complètes, les légumineuses et les graines qui, tous, peuvent continuer à se développer après la récolte. Certains aliments comme la viande et le poisson ont un Ch'i négatif car ils proviennent d'animaux qui ont été tués. Tout comme les produits raffinés, nous les nommerons « aliments de mort ». Vous avez tout intérêt à éviter la viande si vous ne voulez pas absorber le Ch'i négatif des animaux élevés pour être sacrifiés.

LE SAUMON QUI REMONTE LES COURANTS ET FRANCHIT LES CASCADES, POSSÈDE UN CH'I PUISSANT. SI VOUS MANQUEZ DE DYNAMISME, CONSOMMEZ CE POISSON.

Pour la même raison, les produits laitiers ne sont pas recommandés, sauf en petites quantités.

Plus les techniques de production sont naturelles, meilleur est le Ch'i. L'agriculture biologique fournit des aliments sans user de pesticides, d'engrais chimiques, d'élevage en batterie ou d'hormones ; ils présentent beaucoup moins de risques pour la santé que les produits de l'agriculture intensive. En choisissant des aliments issus de la culture biologique, vous améliorez votre santé, mais aussi le Ch'i du monde qui vous entoure. De même, si vous consommez de la viande ou des laitages, essayez d'acheter des produits « bio ». Les recettes de cet ouvrage concernent essentiellement des plats végétariens, des poissons ou des fruits de mer, hormis les plats de viande présentés au chapitre 2. Les produits laitiers et les œufs sont considérés comme néfastes pour la santé et ne figurent donc que rarement dans les pages qui suivent. Des alternatives sans matières grasses d'origine animale sont indiquées le cas échéant.

L'origine de votre nourriture est essentielle en ce qui concerne le Ch'i qu'elle véhicule. Si les aliments sont produits localement, ils restent frais plus longtemps et ne sont pas affectés par le Ch'i négatif dû au transport.

De plus, les aliments provenant d'un climat différent sont porteurs d'un Ch'i qui n'est pas toujours adapté à votre environnement. Une orange d'Afrique, par exemple, produit un Ch'i rafraîchissant pour compenser le climat chaud. Ce n'est pas forcément l'idéal pour les habitants d'Europe du nord, qui tireront davantage profit d'un légume-racine, plus calorique.

LE CH'I QUI VOUS ENTOURE

Chaque construction possède un Ch'i particulier qui influence celui des personnes qui y vivent, mais aussi celui des objets qui s'y trouvent et des activités qui s'y déroulent. Le flux de Ch'i à l'intérieur d'une maison varie en fonction des formes, des couleurs et des matériaux qu'il rencontre. La répartition des pièces et la position des portes sont également déterminantes. Les longs couloirs, les portes en enfilade et les escaliers disposés dans l'axe de la porte d'entrée accélèrent le flux de Ch'i, ce qui ne favorise guère la détente. À l'inverse, l'absence de lumière naturelle, le désordre et une surabondance de tapisseries peuvent ralentir le Ch'i, qui stagnera.

Le Ch'i ambiant influence celui de votre cuisine et de votre salle à manger, et affecte la nourriture que vous préparez ainsi que l'atmosphère dans laquelle vous prenez vos repas. Utilisez les conseils des pages 22 à 25 pour améliorer le Ch'i dans votre cuisine. Vous apprendrez au chapitre 3 comment développer un Ch'i personnel qui favorisera entre autres les échanges amoureux et l'harmonie familiale. Le chapitre 5, quant à lui, vous permettra de choisir le bon restaurant en toutes circonstances.

le Feng Shui et le yin et le yang

IL EXISTE DEUX TYPES DE CH'I en toute chose, y compris en nous-mêmes : ce sont le yin et le yang. Le yin est une énergie passive qui favorise la réflexion, la relaxation et la créativité. Le yang est une force active qui incite au mouvement, à l'activité et à la recherche du progrès. Le yin et le yang sont interdépendants ; ils se nourrissent l'un de l'autre et ont une importance égale pour l'individu.

Chaque personne est, à tout moment, soumise à l'influence plus ou moins forte du yin et du yang, qui déterminent ensemble sa personnalité et ses comportements. Cependant, ces deux types d'énergie varient dans le temps, en fonction du Ch'i ambiant.

La tradition orientale prône la recherche d'un équilibre aussi parfait que possible entre le yin et le yang. Le but du Feng Shui est de nous aider à atteindre cet équilibre en contrôlant notre environnement, y compris les aliments que nous consommons.

LES PRINCIPES

Selon la tradition asiatique, le yin et le yang sont régis par un certain nombre de lois, dont nous résumons ici les principes essentiels. Premièrement, chaque chose est plus yin ou plus yang que les choses qui l'entourent. Par exemple, une pomme de terre est plus yin qu'un saumon, mais elle est moins yin qu'une pomme. De plus, rien n'est entièrement yin ou entièrement yang. Tout objet contient à la fois les deux énergies, même si l'une d'entre elles est en moindre quantité. Il est possible de considérer que rien n'est tout blanc ou tout noir, mais que toute chose présente une nuance d'un gris plus ou moins foncé.

LE SYMBOLE DU YIN ET DU YANG REPRÉSENTE LES RELATIONS ENTRE CES DEUX FORCES, LES DEUX DESSINS S'IMBRIQUANT POUR CONSTITUER UN CERCLE. LE POINT DE COULEUR CONTRASTÉ À L'INTÉRIEUR DE CHAQUE ZONE SYMBOLISE LA SEMENCE DE L'ÉNERGIE OPPOSÉE, PRÊTE À GERMER.

LES TENDANCES YIN ET YANG

Tout le monde est donc pétri de yin et de yang, mais chez la plupart d'entre nous, l'une de ces deux forces domine. Ce déséquilibre peut être temporaire, et se manifester, par exemple, par une période de léthargie passagère due à un excès de yin, le problème peut cependant être plus général.

Le tableau de la page ci-contre pourra vous apprendre si vous souffrez d'un déséquilibre. Demandez-vous s'il s'agit d'un état passager ou d'un problème existant depuis plusieurs années. Un déséquilibre très marqué ou bien installé sera plus difficile à corriger.

En fonction de l'énergie qui vous domine à un moment donné de votre vie, votre humeur, tout autant que votre manière de réagir aux circonstances seront sans aucun doute différentes.

TROUVEZ L'ÉQUILIBRE ENTRE LE YIN ET LE YANG POUR ORIENTER VOTRE CH'I DANS LA BONNE DIRECTION.

Un trop grand déséquilibre suscitera des comportements inadaptés ou des émotions trop fortes. Par exemple, si vous vous réveillez le matin en vous sentant déprimé sans raison, il est possible que vous soyez trop yin. À l'inverse, si vous perdez votre calme pour des broutilles, vous êtes sans doute sous l'influence de la puissante énergie yang. Le fait d'équilibrer les énergies vous permettra de trouver la stabilité émotionnelle et vous aidera à mieux faire face aux situations difficiles.

Lorsque vous êtes raisonnablement yang, vous êtes plein de confiance en vous, enthousiaste, et vous savez provoquer les événements. Cependant, si vous devenez trop yang, vous risquez de vous montrer agressif, impatient, autoritaire et de vous sentir frustré. En effet, à la longue, un excès d'énergie yang peut provoquer des problèmes physiques comme des contractures musculaires, des ennuis digestifs, des douleurs à l'arrière de la tête, de la constipation, des insomnies et un risque accru d'affections cardio-vasculaires. Vous pouvez parfaitement éviter ces problèmes en tentant de renforcer l'énergie yin dans votre environnement et votre alimentation.

êtes-vous trop yin ou trop yang ?

Dans chacune des listes figurant ci-dessous, choisissez un ou deux termes qui vous correspondent. Se situent-ils vers le haut des colonnes (yang) ou plutôt en bas (yin)? Comparez votre personnalité à celles des gens qui vous entourent ; si vous êtes un dirigeant enthousiaste, par exemple, vous êtes probablement dominé par l'énergie yang. Certaines personnes trouveront qu'elles sont légèrement yin dans certains domaines et plus yang dans d'autres – c'est un facteur d'équilibre. Dans tous les cas, si votre caractère est fortement dominé par le yin ou par le yang, vous vous exposez aux difficultés. Les conseils prodigués dans ce livre vous aideront à trouver un équilibre.

YANG ▲▼ YIN

ÉMOTIONS POSITIVES	ÉMOTIONS NÉGATIVES	QUALITÉS MENTALES	INTÉRÊTS ET TALENTS
ambition	colère	pensée rapide	sens pratique
enthousiasme	frustration	minutie	comptabilité
confiance en soi	compétitivité	précision	cuisine
assurance	irritabilité	logique	cuisine créative
calme	anxiété	ordre	relations sociales
urbanité	émotivité	créativité	écriture
douceur	insécurité	ouverture d'esprit	peinture
sensibilité	dépression	imagination	philosophie

alimentation YIN et YANG

MANGEZ DES ALIMENTS YIN pour réduire votre stress, améliorer vos talents en société, devenir plus spirituel, développer votre esprit créatif, apprendre à vous détendre, être compréhensif, élargir votre esprit, enrichir votre imagination, prendre le temps de résoudre les problèmes avant de les évacuer, considérer les choses d'une manière plus globale et faire preuve de compassion pour les autres.

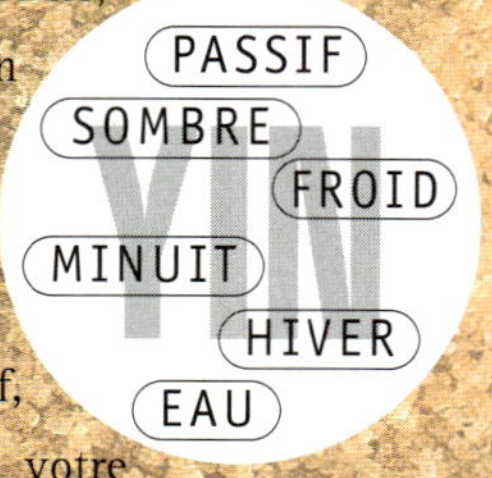

MANGEZ DES ALIMENTS YANG pour vous sentir plus sûr de vous, améliorer votre efficacité et penser de manière positive, augmenter votre énergie durant l'hiver, trouver des solutions rapides aux problèmes, aborder un travail avec enthousiasme et motivation, développer votre ambition, savoir concentrer vos capacités mentales et physiques, surmonter rapidement les embûches, et apprendre à vous diriger vous-même.

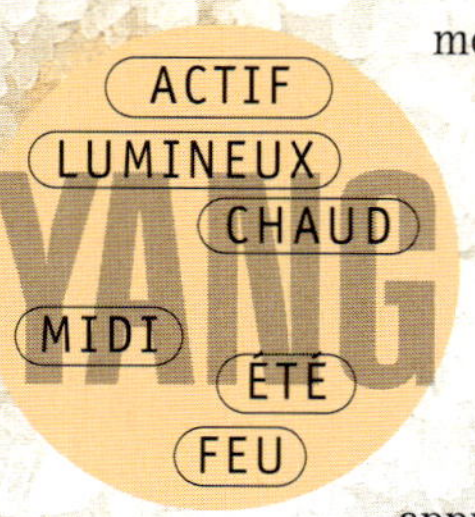

Si vous êtes raisonnablement yin, vous avez un tempérament plutôt serein. Content de l'existence, vous êtes réceptif aux idées et concepts nouveaux, vous vous montrez à l'aise avec les autres ; vous vivez en harmonie avec la nature et vous nagez généralement dans le sens du courant. Cependant, si vous devenez trop yin, vous serez plus dépressif, pessimiste, et vous vous laisserez aller au découragement. Il vous arrivera d'être incapable de faire quoi que ce soit, de manquer de courage et de penser que la vie ne vaut pas la peine d'être vécue. À long terme, le fait d'être trop yin peut engendrer des problèmes physiques, comme une vulnérabilité aux maladies infectieuses, une mauvaise circulation, une rétention d'eau, un manque d'énergie, un état léthargique, des douleurs frontales et des diarrhées. Pour remédier à ces problèmes, vous devez rééquilibrer votre Ch'i en ajoutant des éléments yang à votre environnement et à votre alimentation.

RETROUVEZ VOTRE ÉQUILIBRE

Il vous faut tout d'abord repérer les déséquilibres existant au niveau de votre comportement, de votre santé ou de vos émotions. Vous pouvez ensuite améliorer la situation en agissant sur votre alimentation et votre environnement.

Chaque aliment est plus yin ou plus yang que d'autres aliments. En choisissant une nourriture adaptée, vous pouvez renforcer votre énergie yin ou yang. Vous trouverez, page ci-contre, la liste des aliments du plus yang au plus yin. En vous en inspirant, vous serez capable d'élaborer vos propres remèdes pour corriger un déséquilibre entre le yin et le yang. Par exemple, si vous manquez d'assurance, vous pouvez renforcer votre énergie yang en consommant un plat de fruits de mer. Il est également possible d'améliorer votre état en évitant les aliments porteurs d'énergie yin, comme les boissons sucrées et les friandises.

En outre, d'autres éléments sont susceptibles d'influer sur le Ch'i et le caractère yin ou yang d'un aliment, notamment la couleur, la forme et la manière dont il est préparé.

Le mode de préparation influence le Ch'i d'un aliment dans la mesure où il en modifie la texture, la forme, parfois la couleur et bien sûr le goût. Si vous hachez un aliment en petits morceaux, il deviendra plus yin, et il le sera encore davantage si vous le réduisez en bouillie. La couleur d'un aliment a aussi son influence sur le type de Ch'i. Vous trouverez en haut de la page 14 une liste de couleurs, de la plus yang à la plus yin, le jaune se révélant le ton le plus équilibré.

Réfléchissez à la manière dont vous cuisinez en vous reportant aux informations de la page 14. De manière générale, plus les aliments cuisent longuement, plus ils deviennent yang.

Les condiments et assaisonnements ont aussi la capacité de rendre un aliment plus yin ou plus yang. Ajoutez du sirop de riz sur une compote de pommes, elle sera plus yin ; ajoutez du sel, elle sera plus yang. Le vin rend toujours un plat plus yin, alors que la sauce soja le rend plus yang.

yang

- sel de mer
- viande
- œufs
- poulet
- poisson
- fruits de mer
- fromage à pâte dure
- pain
- riz
- pâtes
- haricots
- légumes-racines
- fromage à pâte molle
- beurre
- lait
- yaourt
- légumes verts
- tofu
- fruits à écale et graines
- fruits
- sucre
- boissons

yin

LA LISTE CI-CONTRE ÉNUMÈRE LES DIFFÉRENTS TYPES D'ALIMENTS DEPUIS LE PLUS YANG (EN HAUT) JUSQU'AU PLUS YIN (EN BAS).

les aliments yin et yang

Un aliment est considéré comme yin ou yang en fonction de l'énergie dominante dont il est porteur. Par exemple, le saumon est yang alors que la pomme est yin. En règle générale, les aliments yang apportent de la chaleur et ils sont souvent riches en protéines et en graisses. La viande, le poisson et les œufs en sont de bons exemples. À l'inverse, les aliments yin sont généralement rafraîchissants ; ils sont de goût plus doux et contiennent davantage de liquide. Citons entre autres le cassis, le yaourt et le jus d'orange.

En temps ordinaire, vous mélangez les différents aliments pour obtenir un repas équilibré où se combinent harmonieusement le yin et le yang. Cependant, si vous souhaitez rééquilibrer vos énergies, composez un repas qui soit plus yin ou plus yang. Vous pouvez renforcer votre énergie yin grâce à un plat comme la soupe aux légumes (voir page 32). Une recette comme le saumon poché (voir page 43), conviendra mieux si vous voulez favoriser votre énergie yang.

LES LISTES CI-CONTRE SONT ÉTABLIES DU PLUS YANG (EN HAUT) AU PLUS YIN (EN BAS).

MODES DE PRÉPARATION

Au four
En autocuiseur
En ragoût et à la casserole
À feu doux
En friteuse
Sauté
À la vapeur
Blanchi
Cru

ARÔMES ET CONDIMENTS

Sel de mer
Shoyu (sauce de soja japonaise)
Gingembre
Ail
Vinaigre de cidre ou de riz
Jus de fruit
Malt ou sirop de riz
Vin, bière ou saké
Sucre ou miel

COULEURS

Rouge
Orange
Jaune
Vert clair
Bleu clair

MATÉRIAUX

Pierre
Carrelage vitri
Carrelage brut
Métal
Bois dur
Bois tendre
Tissu

Les recettes du chapitre 2 ont été conçues pour vous permettre de cuisiner vous-même vos plats yin et yang.

Les ingrédients, les techniques de préparation, l'assaisonnement et le mode de cuisson ont été soigneusement choisis lors de l'élaboration de chaque recette. Vous avez le choix entre deux ingrédients principaux (par exemple, le thon et le crabe), qui rendent les plats plus yin ou plus yang. Le plat le plus yin, comme le délicat tian de crabe, est décrit sur la page de gauche, et le plus yang, comme les beignets de thon, en page de droite (voir pages 38-39). Le caractère yin et yang de ces deux plats se définit de manière toute relative.

UNE PIÈCE CLAIRE PEUT ÊTRE TRÈS RELAXANTE GRÂCE À DES MATÉRIAUX YIN ET UNE BONNE UTILISATION DE LA LUMIÈRE.

VOTRE ENVIRONNEMENT

Les énergies yin et yang présentes dans les lieux où vous préparez et consommez les aliments peuvent influencer votre énergie personnelle. Le Feng Shui vous permet d'améliorer votre Ch'i en vous enseignant comment disposer votre mobilier et répartir couleurs et objets afin d'équilibrer les énergies yin et yang dans votre maison. Prévoyez un mélange harmonieux de yin et de yang, sauf si vous souhaitez renforcer l'une ou l'autre de ces énergies.

LES COULEURS Les couleurs ont un puissant impact sur votre champ d'énergie externe et tendent, de ce fait, à avoir un effet immédiat sur vos émotions. La couleur dominante d'une pièce mais aussi

FORMES
Cercle
Carré
Formes symétriques
Long rectangle
Long ovale
Formes fines
et incurvées

MOBILIER
Rare
Bien aligné
Disposé en cercle
Disposé de manière irrégulière
Abondant

ÉCLAIRAGE
Lampes à haute intensité
Lampes à halogène
Lustre de cristal
Spots
Lampes à incandescence
Bougies

SONS
Musique forte
et rythmée
Musique douce
Bruit de l'eau qui coule
Silence

celles des objets décoratifs qu'elle abrite (tableaux, fleurs ou bibelots), ont leur importance, tout comme les teintes des aliments que vous mangez, celles de votre vaisselle et de votre linge de table.

LES FORMES Les formes de votre mobilier, qu'il s'agisse des tables et des chaises ou de la vaisselle et des verres, influencent les flux d'énergie dans chaque pièce.

LES MATÉRIAUX Certaines surfaces yang, comme les sols de marbre ou les carrelages ont la propriété d'accélérer le flux de Ch'i. D'autres matériaux plus yin, comme les parquets de bois, les revêtements en tissu et les nappes le ralentissent, au contraire. D'une manière générale, les surfaces brillantes et imperméables sont source d'atmosphère yang. Les matériaux mats et perméables sont plus yin.

IL EST POSSIBLE DE CRÉER UNE ATMOSPHÈRE PLUS STIMULANTE AVEC DES MEUBLES ET UN DÉCOR YANG.

LE DÉCOR Plus la pièce est spacieuse et bien rangée, plus le flux de Ch'i est rapide, ce qui crée une atmosphère yang. Une pièce encombrée de meubles est plus yin, surtout si l'ordre ne règne pas.

L'ÉCLAIRAGE Plus les lumières sont douces, plus la pièce est yin, alors qu'une lumière vive et directe crée une atmosphère yang, plus active.

LES SONS Une musique forte ou rythmée renforce l'énergie yang dans une pièce, alors qu'une musique douce et plus fluide est yin.

la théorie des Cinq Éléments

SELON LA TRADITION ASIATIQUE, il existe cinq éléments fondamentaux – l'arbre, le feu, le sol, le métal et l'eau – dont chacun possède des caractéristiques propres. L'élément du feu, par exemple, est porteur de passion et d'agitation, alors que celui du sol représente la sécurité et le confort. Chaque élément correspond à une saison, à certaines couleurs et formes, ainsi qu'à des matériaux particuliers ; par exemple, l'eau est associée à l'hiver et au noir. Les énergies des Cinq Éléments gravitent autour de nous et siègent en nous ; elles baignent tout l'univers et ont une influence sur notre santé et nos émotions. Dans l'idéal, les Cinq Éléments devraient être en équilibre, bien qu'il arrive souvent que l'un d'entre eux soit dominant, suscitant ainsi des modifications continuelles des champs d'énergie. Ce déséquilibre peut perturber la manière dont vous pensez et réagissez aux événements. L'un des buts du Feng Shui est d'établir l'harmonie entre les Cinq Éléments. La mise en évidence et la correction d'un déséquilibre font partie des arts les plus subtils du Feng Shui.

LES RELATIONS ENTRE LES ÉLÉMENTS

Les Cinq Éléments sont unis entre eux par un cycle création/destruction (voir schéma de la page ci-contre), chaque élément en renforçant un autre et en détruisant un second.

Les éléments sont disposés en cercle dans l'ordre suivant : feu, sol, métal, eau et arbre. Dans le cycle créateur, chaque élément renforce son voisin dans le sens des aiguilles d'une montre. Par exemple, l'énergie du feu renforce celle du sol, et ainsi de suite. Aussi longtemps que les éléments sont en équilibre, ce cycle assure un état d'harmonie satisfaisant. Cependant, si l'élément renforcé devient trop puissant, il affaiblit l'énergie de celui qui le supporte. Ainsi, lorsque le sol devient trop fort, il affaiblit le feu.

Lorsqu'un élément est fort et que celui qui le suit dans le sens des aiguilles d'une montre est relativement faible, le flux de Ch'i se désorganise et circule selon le cycle destructeur. Dans ce cas, l'élément le plus puissant ne renforcera pas son voisin, mais il ira détruire l'élément qui suit ce dernier. Par exemple, si le feu devient

ARBRE

FAVORISE la vie, la croissance
la vitalité, l'activité

SAISON le printemps

ÉMOTIONS POSITIVES l'assurance
la confiance, l'endurance

ÉMOTIONS NÉGATIVES la colère
l'irritabilité, l'hyperactivité

COULEURS le vert ou le bleu

FORMES hautes et rectangulaires

MATÉRIAUX bois, bambou, papier

FEU

FAVORISE la passion, la chaleur
l'exaltation, l'expressivité

SAISON du début au milieu de l'été

ÉMOTIONS POSITIVES la passion
l'exaltation, l'exubérance

ÉMOTIONS NÉGATIVES l'hystérie
le stress, le désordre émotionnel

COULEURS rouge vif et violet

FORMES triangulaires et pointues

MATÉRIAUX lumières, bougies,
flammes nues

SOL

FAVORISE le confort, la sécurité
la tranquillité, la prudence

SAISON la fin de l'été,
le début de l'automne

ÉMOTIONS POSITIVES la sympathie,
la considération, la compréhension

ÉMOTIONS NÉGATIVES la jalousie
la dépendance, l'indécision

COULEURS jaune, beige et marron

FORMES basses, plates et rectangulair

MATÉRIAUX argile, céramique, coton
laine, pierre tendre, brique

風

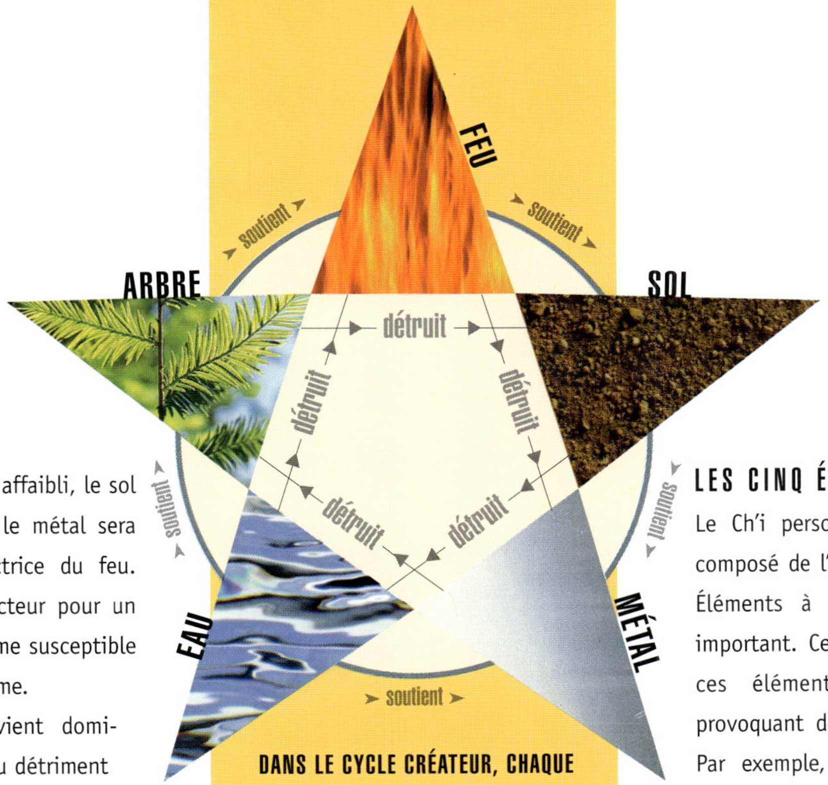

dominant est que le sol est affaibli, le sol ne sera pas renforcé mais le métal sera soumis à l'énergie destructrice du feu. Chaque élément est destructeur pour un autre, tout en étant lui-même susceptible d'être détruit par un troisième.

Lorsqu'un élément devient dominant, il a tendance à agir au détriment des autres éléments et du Ch'i en général. Quand le feu est dominant, par exemple, il prendra progressivement davantage de puissance, détruira le métal et affaiblira l'arbre, détruisant l'équilibre entre les éléments. Le Feng Shui fournit les moyens de renforcer les éléments affaiblis et de détourner, ou encore d'atténuer, l'énergie des éléments trop puissants.

DANS LE CYCLE CRÉATEUR, CHAQUE ÉLÉMENT RENFORCE CELUI QUI LE SUIT. SI CET ÉLÉMENT EST AFFAIBLI, NOUS ENTRONS DANS UN CYCLE DESTRUCTEUR ; L'UN DES ÉLÉMENTS VA DÉTRUIRE LE SECOND À LUI SUCCÉDER DANS LE SENS DES AIGUILLES D'UNE MONTRE.

LES CINQ ÉLÉMENTS ET VOUS

Le Ch'i personnel de tout individu est composé de l'énergie de chacun des Cinq Éléments à un degré plus ou moins important. Cependant, l'un ou l'autre de ces éléments domine fréquemment, provoquant des déséquilibres continuels. Par exemple, vous pouvez pendant un temps être essentiellement influencé par l'élément dominant du feu, avant que celui-ci ne s'éteigne brusquement.

Vous pouvez utiliser les Cinq Éléments pour canaliser vos énergies dans certaines directions. Par exemple, si vous souhaitez faire preuve de plus d'assurance, vous devez augmenter l'influence de l'élément arbre dans votre vie. Il est possible d'atteindre ce but en mangeant davantage de légumes verts et en vous entourant d'objets de bois et de plantes vertes. L'énergie de l'arbre sera encore plus puissante si vous favorisez parallèlement la présence de l'élément eau dans votre vie, car ce dernier renforce l'arbre. Consommez vos légumes verts sous forme de soupes et disposez des objets associés à l'eau dans les pièces de votre maison situées à l'est et au sud-est ; ce sont les directions correspondant à la croissance et à l'activité (voir les Huit Directions, aux pages 20-21).

MÉTAL

FAVORISE la fortune, la solidité l'autorité, l'organisation

SAISON fin de l'automne

ÉMOTIONS POSITIVES ordre, retour sur soi, ardeur sexuelle

ÉMOTIONS NÉGATIVES dépression, tristesse, introversion

COULEURS blanc, gris, rouille argent ou or

FORMES rondes, arquées et ovales

MATÉRIAUX métaux, pierre dure

EAU

FAVORISE la profondeur, le pouvoir la souplesse, la tranquillité

SAISON l'hiver

ÉMOTIONS POSITIVES courage, inspiration, souplesse

ÉMOTIONS NÉGATIVES peur, manque d'estime de soi, inquiétude

COULEURS noir ou crème

FORMES irrégulières, ondulées et incurvées

MATÉRIAUX verre

水

L'ÉQUILIBRE EST LE SECRET D'UN CH'I HARMONIEUX. APPRENEZ À INTÉGRER DES INGRÉDIENTS ASSOCIÉS À CHAQUE ÉLÉMENT DANS VOS MENUS.

les aliments et les Cinq Éléments

SI VOUS SOUHAITEZ stimuler un élément particulier, vous devez renforcer le goût qui lui est associé dans les plats que vous consommez. Pour augmenter votre confiance et votre assurance, par exemple, il vous faudra favoriser l'énergie de l'arbre en mangeant beaucoup de denrées acides, comme les pickles. Parallèlement, faites en sorte que cette énergie ne soit pas affaiblie par celle du feu en réduisant l'apport d'aliments amers. Vous devez également éviter que l'énergie de l'arbre ne soit détruite par celle du métal en supprimant les produits relevés comme l'ail ou le gingembre, mais ne lésinez pas sur les aliments associés à l'eau. Pour parvenir à l'équilibre, vous devez essayer d'associer les Cinq Éléments à la cuisson et à la préparation de vos repas. Si vous souhaitez favoriser un élément particulier, utilisez une méthode de cuisson qui est associée à cet élément ou à celui qui le renforce. Évitez les méthodes de cuisson correspondant à son élément destructeur.

ARBRE

ACIDE

olives, vinaigre
choucroute, pickles

MÉTHODES DE CUISSON

à la vapeur, blanchi

FEU

AMER

oignons verts
citrons amers, cresson
graines rôties, piment

MÉTHODES DE CUISSON

sauté à la poêle,
en tempura

SOL

SUCRÉ

maïs, petits pois, sirops,
fruits cuits, légumes doux

MÉTHODE DE CUISSON

poché, en ragoût,
cuisson lente dans un peu d'eau

MÉTAL

RELEVÉ

gingembre, ail, moutarde
radis, riz complet

MÉTHODES DE CUISSON

au four, à l'autocuiseur

EAU

SALÉ

miso, shoyu (sauce de soja), légumes d'hiver, algues, poisson salé

MÉTHODES DE CUISSON

bouilli, cuisson à feu doux, en soupe

Comme pour le yin et le yang, un déséquilibre entre les Cinq Éléments se traduit parfois par une perte d'énergie, des problèmes de santé, des réactions et des comportements inadaptés. Si vous êtes dominé par le feu, par exemple, vous serez exalté et facilement excitable. Vous pouvez aussi devenir hystérique et réagir de manière paroxysmique aux situations; au bout du compte, votre énergie en sera affaiblie, vous serez exposé au stress et aux difficultés, sources de problèmes supplémentaires.

Reportez-vous à la liste des émotions positives et négatives associées à chaque élément en pages 16 et 17 afin de déterminer si vous êtes particulièrement dominé par l'un d'entre eux. Si c'est le cas, vous devez réduire l'impact de cet élément sur votre vie. Vous pouvez affaiblir son Ch'i grâce au cycle destructeur; il vous est également possible de modifier votre environnement pour modérer sa puissance et renforcer les éléments plus faibles. Par exemple, si vous désirez calmer l'énergie du feu pour atténuer son influence, vous devez renforcer l'élément suivant, à savoir celui du sol; dans les cas extrêmes, vous pouvez parfaitement activer le Ch'i de l'eau pour détruire celui du feu. Le fait d'agir sur le sol devrait toutefois suffire pour permettre de retrouver au plus vite l'équilibre et la sérénité.

CETTE PIÈCE RÉUNIT TOUS LES ÉLÉMENTS : LE FEU DANS LA LUMIÈRE NATURELLE ET ARTIFICIELLE, L'EAU DANS LES VITRES ET LE VASE, L'ARBRE DANS LE PLANCHER DE BOIS, LE MÉTAL DANS LA TABLE, ET LE SOL DANS LE REVÊTEMENT DES CHAISES.

LES CINQ ÉLÉMENTS CHEZ VOUS

Lorsque vous installez votre salle à manger ou votre coin repas, essayez d'établir un équilibre entre les Cinq Éléments en ce qui concerne les couleurs, les matériaux et les objets qui composent le décor. Utilisez les informations des pages 16 et 17 pour vous guider. Si votre pièce possède un plancher de bois, des murs et un plafond en plâtre et de grandes baies vitrées, elle réunit les éléments de l'arbre, du sol et de l'eau. Les rayons du soleil introduiront l'élément du feu, qui peut également être représenté par des lampes, des bougies ou un vrai feu de cheminée. L'énergie du métal est toutefois totalement absente d'une telle pièce et vos repas risquent de se révéler chaotiques et de manquer de structure. Apportez cet élément sous la forme d'une sculpture, d'une horloge ou d'objets métalliques et privilégiez les tons blanc et gris. Certains objets sont fréquemment utilisés par le Feng Shui pour corriger les déséquilibres entre les Cinq Éléments; ils doivent être placés à des endroits particuliers de la pièce pour être pleinement efficaces (voir les Huit Directions pages 20 et 21). Ceux qui sont associés à l'arbre sont les plantes, les objets en bois, en bambou et en osier. Vous renforcerez l'énergie du sol avec des poteries ou une petite coupe de charbon de bois. Les horloges et les bibelots métalliques stimuleront le Ch'i du métal. Enfin, vous pouvez augmenter l'énergie de l'eau grâce à des objets de cristal, des vases et des aquariums.

Utiliser au mieux les Huit Directions

SELON LES PRÉCEPTES DU FENG SHUI, le caractère du Ch'i dépend de la direction de la boussole dans laquelle il se situe ou vers laquelle il se dirige. Le Ch'i du sud, par exemple, amène une énergie bouillonnante qui affecte toute personne et tout objet qu'il rencontre. Chaque direction est associée à l'un des Cinq Éléments et à un moment de la journée. L'art d'utiliser ces énergies et de tirer parti de leur puissance constitue la pierre angulaire du Feng Shui.

La direction dans laquelle est orientée la façade d'une maison, ainsi que la position de sa porte et de ses différentes pièces influence la nature du Ch'i qui y circule. Si votre cuisine est située à l'est, par exemple, elle est influencée par le Ch'i vivifiant de l'est, qui favorise les nouveaux projets et l'enthousiasme ; vous y testerez de nouvelles recettes et styles de cuisine avec une grande énergie. Cependant, une salle à manger dans cette direction n'est guère indiquée, car les dîners y seront trop agités et peu propices à la détente. La même théorie s'applique aux directions occupées à l'intérieur d'une pièce ou autour de la table ; si vous êtes assis face à l'est, vous aurez sans doute du mal à manger calmement.

Le Feng Shui a pour objet de stimuler le Ch'i bénéfique et de résoudre les problèmes dus à au Ch'i négatif. L'une des manières d'atteindre ce but passe par l'utilisation des Cinq Éléments. Vous devez, pour cela, disposer les bons objets aux bons endroits pour affaiblir l'élément dominant et obtenir l'atmosphère la plus favorable à l'activité que vous menez dans une pièce. Une salle à manger située au sud, direction dominée par l'énergie du feu, peut devenir plus paisible si vous y introduisez des matériaux associés au sol et au métal, comme la terre cuite, la céramique et l'acier. Vous devez également y installer des lampes de faible puissance, car la lumière renforce le Ch'i du feu. Les couleurs associées aux Cinq Éléments peuvent être utilisées pour augmenter l'influence des éléments les plus faibles et atténuer l'énergie de celui qui domine.

Le chapitre 3 met l'accent sur différents types de repas, servis dans des occasions particulières. Chacun d'entre eux nécessite un Ch'i bien défini pour être réussi. Pour chaque occasion, vos invités et vous devez être assis face à une direction donnée pour vous trouver dans la meilleure disposition d'esprit possible.

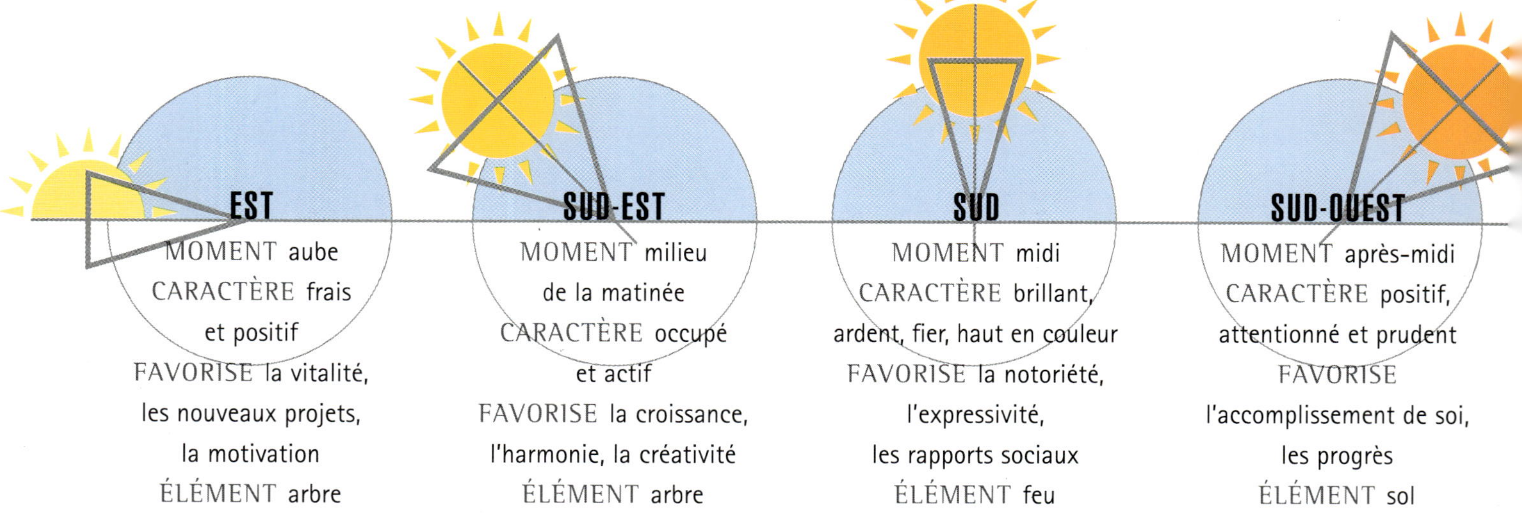

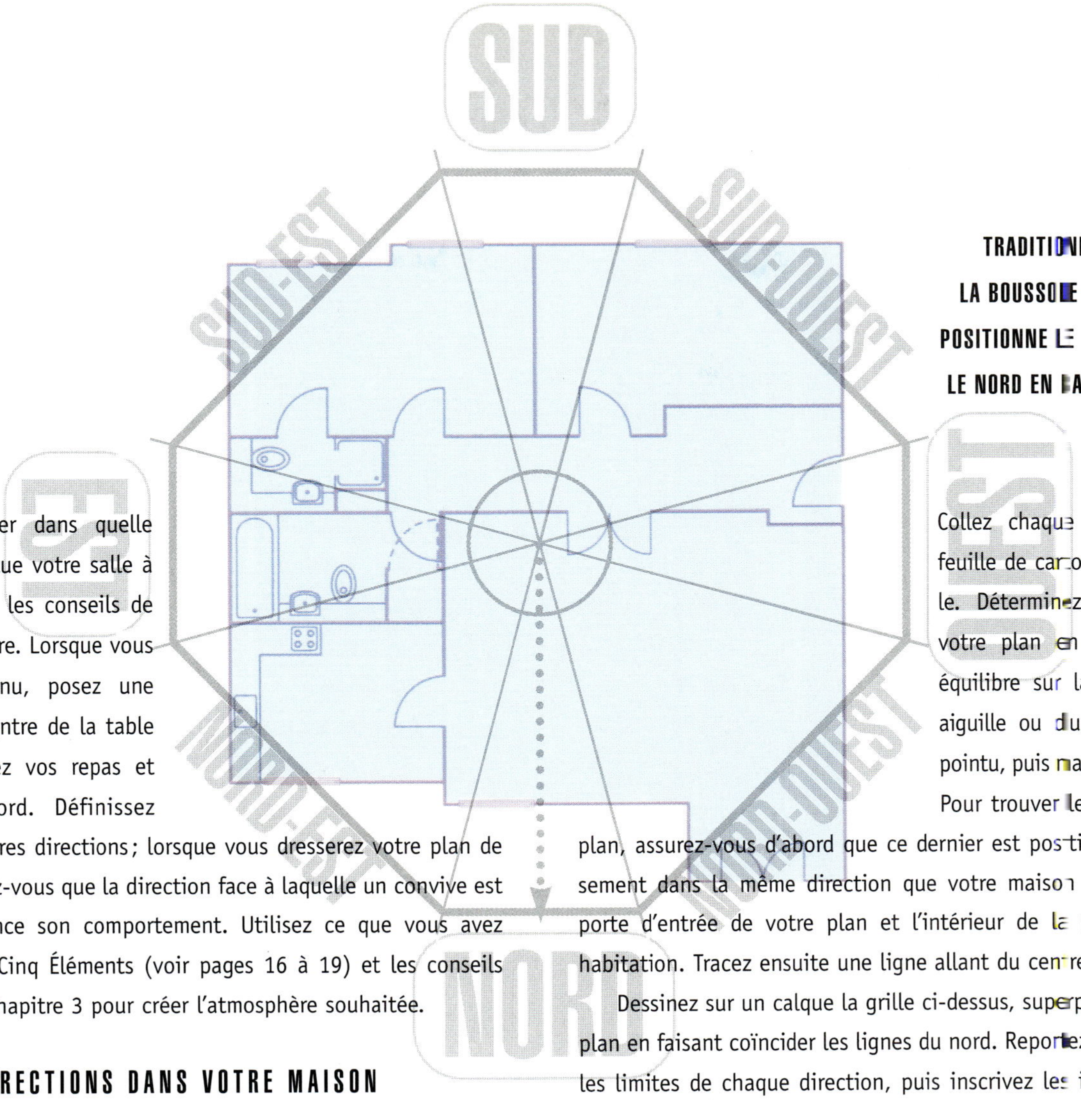

TRADITIONNELLEMENT, LA BOUSSOLE DU FENG SHUI POSITIONNE LE SUD EN HAUT ET LE NORD EN BAS DE LA CARTE.

Pour déterminer dans quelle direction se situe votre salle à manger, suivez les conseils de la page ci-contre. Lorsque vous y serez parvenu, posez une boussole au centre de la table où vous prenez vos repas et trouvez le nord. Définissez ensuite les autres directions ; lorsque vous dresserez votre plan de table, souvenez-vous que la direction face à laquelle un convive est installé influence son comportement. Utilisez ce que vous avez appris sur les Cinq Éléments (voir pages 16 à 19) et les conseils dispensés au chapitre 3 pour créer l'atmosphère souhaitée.

LES HUIT DIRECTIONS DANS VOTRE MAISON

Dessinez un plan pour chaque étage. Mesurez les murs, les portes et les fenêtres, ainsi que chaque meuble de gros volume. Reportez ces plans à l'échelle sur des feuilles de papier millimétré.

Collez chaque plan sur une feuille de carton et découpez-le. Déterminez le centre de votre plan en le posant en équilibre sur la pointe d'une aiguille ou d'un crayon assez pointu, puis marquez ce centre. Pour trouver le nord de votre plan, assurez-vous d'abord que ce dernier est positionné rigoureusement dans la même direction que votre maison en alignant la porte d'entrée de votre plan et l'intérieur de la porte de votre habitation. Tracez ensuite une ligne allant du centre au nord.

Dessinez sur un calque la grille ci-dessus, superposez-la à votre plan en faisant coïncider les lignes du nord. Reportez sur votre plan les limites de chaque direction, puis inscrivez les initiales de ces directions aux endroits appropriés. Vous pouvez alors procéder de la même manière pour chaque pièce de votre maison ainsi que pour votre table de salle à manger.

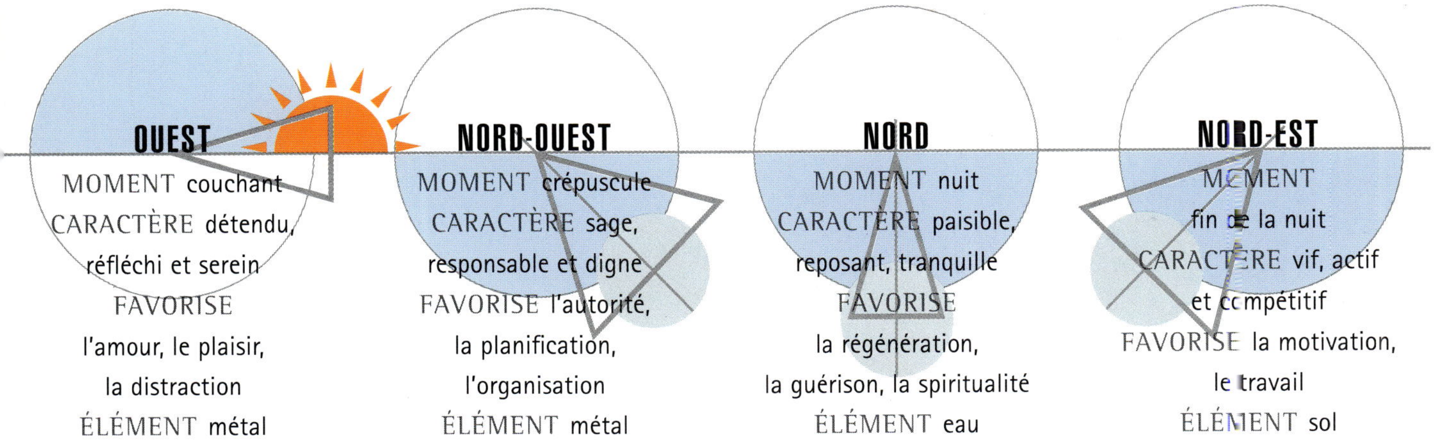

le Feng Shui dans la cuisine

LE FAIT DE CRÉER UN ÉQUILIBRE ÉNERGÉTIQUE dans la cuisine est essentiel pour le bien-être et l'harmonie de la famille; à l'inverse, un Ch'i négatif dans cette pièce sera préjudiciable à toute la maison. La position de la cuisine dans votre habitation est donc particulièrement importante pour déterminer le Ch'i ambiant. Pour connaître cette position, reportez-vous aux conseils de la page 21. Dans un cas idéal, votre cuisine devrait être située dans l'une des directions associées à l'arbre, élément qui est en harmonie à la fois avec le feu de la cuisinière et l'eau de l'évier. Sans la présence du Ch'i de l'arbre, l'association de l'eau et du feu dans votre cuisine serait néfaste. Les influences de chacune des huit directions sur votre cuisine, à commencer par les plus favorables, sont définies ci-après; vous trouverez également des conseils pour améliorer le Ch'i si cette pièce n'est pas située dans une direction bénéfique.

EST ET SUD-EST Ce sont les deux directions rêvées pour installer votre cuisine, car le Ch'i favorise la croissance, l'activité et le développement. L'élément arbre crée ici un flux de Ch'i harmonieux, bénéfique pour toute la maison.

SUD L'énergie du feu associée au sud augmente le risque de débordements émotionnels, de disputes, voire de drames. Introduisez le Ch'i du sol pour atténuer l'influence du feu en plaçant du charbon de bois dans des coupelles de terre cuite près de votre cuisinière. L'énergie du feu ne fait pas bon ménage avec l'eau de l'évier, mais vous pouvez pallier cet inconvénient en disposant des plantes aux abords de ce dernier; pour renforcer l'énergie de l'arbre, vous pouvez aussi introduire du bois, ainsi que les couleurs jaune et verte, dans votre décor.

LA CUISINE EST UNE PIÈCE IMPORTANTE CAR ON Y PRÉPARE LES REPAS FAMILIAUX, SOURCE DE VIE. LE CH'I QUI Y RÈGNE A UN IMPACT DIRECT SUR VOTRE BIEN-ÊTRE ET VOS TALENTS CULINAIRES. UN MÉLANGE HARMONIEUX DE MÉTAL, DE VERRE ET DE BOIS CRÉE UN CH'I POSITIF.

SUD-OUEST ET NORD-EST L'énergie du sol associée à ces directions s'accommode bien de celle du feu due à la présence de la cuisinière, mais non à l'élément de l'eau correspondant à l'évier. En effet, cela peut rapidement perturber les relations familiales et susciter des problèmes de santé. Vous avez donc particulièrement intérêt à introduire l'énergie du métal dans les lieux, par le biais d'un évier en inox, un sol carrelé, des casseroles métalliques, ou encore la couleur blanche et une horloge chromée.

OUEST ET NORD-OUEST L'énergie du feu associée à la cuisinière se marie mal à celle du métal correspondant à ces directions. En outre, le Ch'i de l'eau affaiblit légèrement celui du métal. De ce fait, vous risquez d'éprouver des difficultés à vous organiser et à vous concentrer. Pour rétablir l'harmonie entre le feu et le métal, vous devez renforcer le Ch'i du sol. Disposez des coupelles en terre cuite garnies de charbon de bois de part et d'autre de du four et du plan de cuisson.

DANS CETTE CUISINE À L'ATMOSPHÈRE FONCTIONNELLE, LE CH'I DOMINANT EST CELUI DU MÉTAL. LE FLUX D'ÉNERGIE FAVORISE LA VITALITÉ ET L'ORGANISATION.

Un sol de céramique, de carreaux bruts ou de brique ainsi que des plantes basses et des notes de couleur jaune peuvent être utiles. Vous pouvez également renforcer le Ch'i du métal grâce à un évier en inox équipé d'accessoires métalliques.

NORD L'énergie de l'eau attachée à cette direction est ici excessive en raison de la présence de l'évier ; de plus, l'eau ne s'accorde guère avec le feu du four. Cela peut provoquer une perte de vitalité, un sentiment de solitude et des paroxysmes émotionnels. Renforcez l'énergie du bois pour harmoniser l'eau et le feu, tout en affaiblissant quelque peu le Ch'i de l'eau. Pour ce faire, introduisez des plantes, du bois et la couleur verte dans le décor.

L'AMÉNAGEMENT DE VOTRE CUISINE

Une cuisine largement ensoleillée constitue une pièce vivifiante et lumineuse où il fait bon préparer les repas. La lumière naturelle évite, en outre, l'humidité et permet au Ch'i de circuler librement. Si votre cuisine est mal exposée, placez des lampes dans les angles ; ceux-ci seront plus faciles à nettoyer et le Ch'i n'y stagnera pas.

N'hésitez pas à installer des plantes vertes dans votre cuisine ; elles peuvent être utilisées pour ralentir le flux de Ch'i émis par les angles en saillie. Votre cuisine doit également être bien aérée pour chasser l'humidité et favoriser le renouvellement du Ch'i.

Vous pouvez sans grandes difficultés moduler le flux de Ch'i grâce à une utilisation judicieuse des couleurs. Pour le rendre plus actif, choisissez des tons yang – avec une marmite rouge vif, par exemple – et pour l'atténuer, jouez la gamme des couleurs yin – comme avec un plateau bleu pastel. Pensez aux teintes associées aux Cinq Éléments (voir pages 16 et 17) et essayez de les introduire dans les zones de votre cuisine qui leur correspondent. Utilisez, par exemple, un violet vif au sud si vous souhaitez avoir une cuisine plus stimulante, et un jaune au sud-ouest si vous préférez la rendre plus confortable.

Le bois constitue le matériau idéal pour les plans de travail ; d'origine naturelle, il conduit bien de flux de Ch'i. Un évier d'inox, quant à lui, crée une atmosphère plus yang, plus dynamique, qui peut devenir stressante si vous passez beaucoup de temps dans votre cuisine.

Si votre pièce n'est pas située dans une direction favorable, il est particulièrement important qu'elle reste propre et sèche. Le plus grand danger réside, effectivement, dans la stagnation du Ch'i, phénomène qui pourrait avoir comme conséquences d'altérer la qualité des aliments. Et bien sûr, ne laissez pas la nourriture s'avarier dans votre cuisine ; elle émettrait un Ch'i extrêmement néfaste.

APPAREILS ET PLANS DE TRAVAIL

Lorsque l'on rénove une cuisine ou que l'on en dessine les plans, il est important de déterminer les meilleurs emplacements pour le poste de cuisson, l'évier et les plans de travail. Le four et l'évier, quant à eux, apportent les énergies du feu et de l'eau dans la pièce.

Dessinez le plan de votre cuisine et positionnez les Huit Directions (voir page 21), puis reportez-vous aux informations figurant ci-après et page ci-contre pour décider des endroits où placer vos différents éléments. Les seules positions qui soient favorables à la fois pour la cuisinière et l'évier sont l'est et le sud-est; en effet, ces directions sont associées à l'arbre, qui est en harmonie avec l'eau et le feu. Certaines positions comme le sud-ouest et le nord-est peuvent également convenir pour le poste de cuisson car le feu est en harmonie avec le sol. Dans les autres cas, il vous faudra faire appel au Feng Shui pour harmoniser les énergies.

Si votre évier est situé au sud, vous devrez l'entourer de plantes vertes pour permettre au Ch'i de l'arbre d'harmoniser les énergies du feu et de l'eau. Si c'est votre cuisinière qui occupe cette position, l'énergie du feu sera dominante et vous devrez l'atténuer grâce au Ch'i du sol, en disposant autour des coupelles en céramique garnies de charbon de bois. Vous utiliserez le même remède si votre poste de cuisson est placé à l'ouest ou au nord-ouest, afin de réduire l'antagonisme entre l'énergie du métal associée à ces directions et le Ch'i du feu. Si votre évier se trouve à l'ouest ou au nord-ouest, vous devrez préserver l'énergie du métal en disposant à proximité des objets métalliques ou en choisissant un évier en inox. Le nord est trop calme, aussi dynamisez-le en introduisant du bois et des plantes autour de votre évier et de votre cuisinière s'ils sont installés dans cette direction. Au sud-ouest et au nord-est, vous stabiliserez le Ch'i avec un évier en inox ou des accessoires métalliques.

les directions idéales pour bien cuisiner

FACE AU NORD-EST Cette position favorise la motivation et la compétitivité; elle est tout indiquée pour préparer un repas rapide.

FACE À L'EST Cette position est celle du dynamisme, de l'enthousiasme; malgré votre impatience, vous saurez vous concentrer sur les détails.

FACE AU SUD-EST Vous pourrez cuisiner ici de manière plus créative; cette direction favorise l'imagination, l'inspiration et la mise au point d'idées nouvelles.

FACE AU SUD Vous vous passionnerez pour ce que vous faites, mais ce n'est pas la direction la plus propice à la concentration.

FACE AU SUD-OUEST Cette direction est associée à la méthode, à la solidité et au pragmatisme; elle vous sera bénéfique si vous avez besoin d'apaisement.

FACE À L'OUEST Dans cette direction, vous cuisinerez pour le plaisir et serez ravi des résultats; elle n'est pourtant guère propice si vous manquez de motivation ou avez besoin de concentration.

FACE AU NORD-OUEST Choisissez cette direction si vous souhaitez régner en maître absolu sur votre cuisine; elle vous aidera également à cuisiner méthodiquement et à vous organiser de manière rationnelle.

FACE AU NORD C'est la position la plus calme pour cuisiner; cependant, vous manquerez peut-être du dynamisme nécessaire pour vous montrer créatif ou pour cuisiner à grande échelle.

PROFITEZ EFFICACEMENT DU CH'I DE L'EST ASSOCIÉ AU SOLEIL LEVANT POUR CUISINER DE MANIÈRE ENTHOUSIASTE ET CRÉATIVE.

LA MATIÈRE DONT SONT FAITS LES USTENSILES AVEC LESQUELS VOUS CUISINEZ ALTÈRENT DE FAÇON SUBTILE LE CH'I DES ALIMENTS.

les équipements

ÉVITEZ D'INTRODUIRE DES MATÉRIAUX SYNTHÉTIQUES dans votre cuisine, comme des revêtements de plastique, de vinyle ou de nylon, car ils interfèrent avec le flux naturel du Ch'i. Les appareils comme les fours à micro-ondes ou les grille-pain électriques ont le même effet sur le Ch'i. Si vous en possédez, entourez-les de plantes vertes pour dissiper le Ch'i négatif. Enfin, n'utilisez pas de lampes fluorescentes dans votre cuisine ; ce type d'éclairage disperse le Ch'i.

LES PLANS DE TRAVAIL

Le bois constitue la meilleure des surfaces pour préparer vos aliments. Ce matériau yin se combine harmonieusement avec l'acier yang du couteau. Le bois offre également l'avantage de limiter la prolifération des bactéries.

LA CUISINIÈRE OU LA PLAQUE DE CUISSON

Elle tient une place fondamentale, car la nourriture que l'on y prépare contribue à la survie de la famille. Préférez une cuisinière à gaz ou à bois, plutôt qu'un appareil électrique.

BOIS Ce matériau léger, très yin, introduit une touche de douceur dans votre batterie de cuisine. Le bois est une matière vivante qui par sa nature même favorise une préparation hygiénique des aliments.

FONTE ÉMAILLÉE
La fonte possède une énergie yang marquée. Lorsqu'elle est recouverte d'émail et offre une surface très lisse, elle est encore plus yang. Elle est idéale pour mitonner les ragoûts et les soupes.

CÉRAMIQUE Les plats en céramique sont plus yin que le métal ; ils sont porteurs de l'énergie du sol, dispensatrice de confort et de sécurité.

ACIER INOXYDABLE
Les couteaux et autres ustensiles en acier sont yang. Les marmites et casseroles en acier inoxydable sont plus légères que les récipients en fonte émaillée ou en verre et sont donc légèrement plus yin. On s'en sert pour les bouillons, les cuissons à feu lent, les plats sautés et les soupes fines.

VERRE Ce matériau apporte une énergie yang à vos aliments. Le verre est unique car il laisse passer la lumière naturelle, réduisant le risque de stagnation.

CUIVRE C'est le plus yin des métaux ; il réagit très rapidement aux températures. Les casseroles en cuivre sont parfaites pour la préparation des sauces délicates.

les ingrédients-santé du Feng Shui

LA NOURRITURE QUE VOUS ABSORBEZ a davantage d'influence sur votre forme, votre énergie et votre état de santé à long terme que pratiquement tous les autres aspects de votre vie. Or, vous êtes le seul responsable du choix des aliments qui doivent vous apporter les bons nutriments tout en étant exempts d'ingrédients dangereux. Cet ouvrage pose les bases d'une véritable philosophie du bien-manger qui vous aidera à vous sentir à l'aise dans votre corps, votre tête et votre environnement.

Des milliers d'années avant que les nutritionnistes ne découvrent les vitamines et les minéraux, les Asiatiques avaient une alimentation riche en fibres et en nutriments essentiels, pauvre en graisses et sans additifs, dont l'on sait aujourd'hui qu'elle constituait le principal facteur de la longévité des populations de cette région du globe. Votre *Cuisine sous bonne influence* s'inspire de ces traditions, dont la clef repose sur l'équilibre entre le yin et le yang et un régime incluant chacun des Cinq Éléments. En suivant ces préceptes, vous êtes sûr de manger sain.

En Occident, la manière de se nourrir a considérablement évolué au cours des 30 dernières années; les produits frais cuisinés à la maison ont été remplacés par des aliments précuits, lyophilisés, en conserves ou congelés. La consommation de sucre et de viande a augmenté de façon très importante et, plus récemment, les additifs, les radiations nucléaires et les manipulations génétiques ont altéré la qualité de la plus grande partie des produits. Les techniques agricoles ont également évolué; l'utilisation de pesticides et d'engrais chimiques, ainsi que la production intensive, sont chose commune. Les animaux sont nourris d'aliments transformés, « enrichis » d'antibiotiques et d'hormones de croissance. On ne connaît pas les effets à long terme d'un tel changement dans nos habitudes alimentaires. Choisissez donc des produits de culture organique ou faites pousser vous-même vos fruits et légumes, si vous le pouvez. Enfin, utilisez les méthodes de cuisson traditionnelles plutôt que de consommer des conserves réchauffées au micro-ondes.

POUR UNE ALIMENTATION SAINE ET ÉQUILIBRÉE, LE FENG SHUI S'INSPIRE DE LA CUISINE ASIATIQUE TRADITIONNELLE, COMPOSÉE DE PRODUITS FRAIS ET NATURELS.

ASSAISONNEMENTS ET CONDIMENTS

Le fait de choisir des aliments sains et naturels est essentiel pour les Asiatiques; pour éviter de consommer des additifs, nous vous conseillons de préparer vous-même vos assaisonnements et condiments (voir pages 148 à 155).

Les recettes de cet ouvrage ne comportent que très peu de sucres raffinés qui élèvent rapidement le taux de sucre dans le sang. Nous préférons utiliser des sucres naturels, comme le sirop d'érable ou de riz qui ne présentent pas cet inconvénient et sont plus nutritifs. Dans certaines recettes du chapitre 2, nous tirons parti de la saveur sucrée naturelle des fruits et de certains légumes, comme la citrouille.

Dans ce livre, le shoyu (sauce de soja japonaise) est utilisé de préférence à la sauce soja traditionnelle car plus naturel.

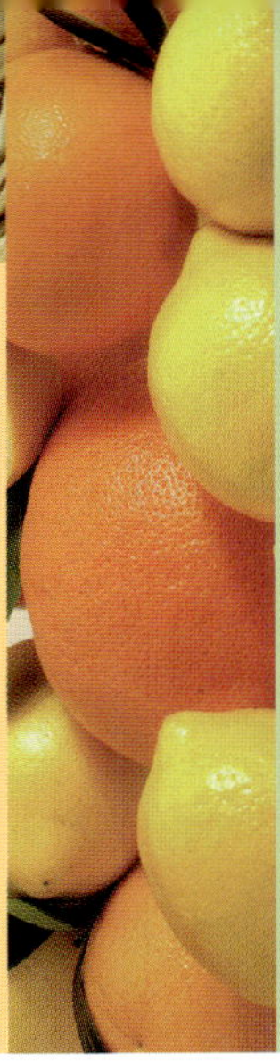

CÉRÉALES

LES CÉRÉALES CONTENUES DANS LE RIZ, LES NOUILLES, LE PAIN OU SOUS LEUR FORME NATURELLE devraient constituer la part la plus importante de notre alimentation. Elles contiennent des hydrates de carbone complexes, des protéines et des graisses, ainsi que des vitamines et des minéraux; enfin, elles sont riches en fibres. Les céréales complètes sont plus nutritives car l'enveloppe du grain est rompue lors du raffinage; il commence alors à s'oxyder et perd petit à petit ses qualités nutritionnelles. Certaines recettes du chapitre 2 comportent des céréales complètes comme du riz et de l'orge.

FRUITS & LÉG.

IL CONVIENT DE CONSOMMER UNE LARGE GAMME DE FRUITS ET LÉGUMES et de les accommoder de différentes manières pour que notre corps puisse absorber leurs nutriments. Les haricots, les légumes secs, les fruits à écale et les graines constituent de grandes sources de protéines en Asie; de ce fait, tous les aliments contiennent des protéines et il est pratiquement impossible de composer un repas digne de ce nom qui n'en comporte pas une bonne quantité.

CORPS GRAS

VOTRE *CUISINE SOUS BONNE INFLUENCE* PRÉFÈRE LES HUILES VÉGÉTALES INSATURÉES ET PRESSÉES À FROID, comme les huiles d'olive et de sésame, plutôt que les graisses saturées d'origine animale. Les graisses saturées se fixent dans les artères et autour des organes vitaux, augmentant le risque de problèmes cardio-vasculaires et de cancer. Vous pouvez concocter vous-même des huiles aromatisées, par exemple au basilic et au citron, selon les recettes figurant en annexe (voir page 153).

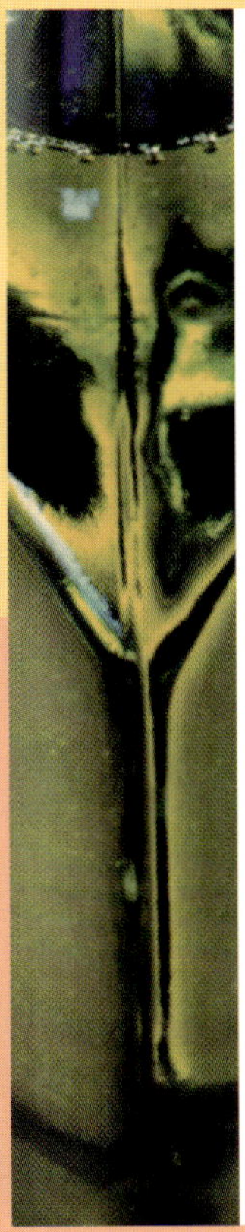

POISSON & VIANDE

SAINS, NUTRITIFS ET PAUVRES EN GRAISSES, les poissons et fruits de mer sont mis à l'honneur dans cet ouvrage. Selon l'Organisation mondiale de la santé, la consommation de viande est à l'origine de maladies dégénératives, en raison notamment de la proportion de graisses saturées qu'elle contient. Sans parler des traces d'hormones de croissance, d'antibiotiques et des résidus chimiques que peut comporter la chair des animaux. Si vous tenez absolument à en manger, choisissez des produits « bio ».

ŒUF & LAITAGE

À MON AVIS, il est nécessaire d'être vigilant concernant la consommation de lait. En effet, l'Organisation mondiale de la santé affirme qu'une trop grande consommation de produits laitiers augmente le risque de problèmes cardio-vasculaires, de cancer et d'asthme. Les œufs sont riches en graisses saturées et élèvent le niveau de cholestérol sanguin, provoquant des maladies dégénératives. Les recettes de cet ouvrage utilisent de préférence du tahini (pâte de sésame), ainsi que du lait de coco ou de soja

Chaque plat que vous cuisinez est plus ou moins yin ou yang en fonction des ingrédients qui le composent et de la manière dont vous l'accommodez. Les recettes qui suivent vous donnent une version yin et yang pour chaque plat. Les préparations les plus yin figurent en pages de gauche et les plats plus yang en pages de droite. À vous de choisir ceux qui conviennent le mieux à votre état de santé et à votre humeur du moment, en vous inspirant des conseils dispensés au chapitre 1. Aucune recette n'est complètement yin ou yang : l'illustration ci-dessous présente de gauche à droite les plats décrits dans ce chapitre, du plus yin au plus yang ; ceux du centre sont les plus équilibrés. Toutes les recettes sont prévues pour quatre personnes.

2 recettes yin et yang

yang

soupe aux moules et aux clams à l'orange et à la coriandre

700 g de moules et de clams ou de palourdes grattés et ébarbés
40 cl de vin blanc sec
2 échalotes finement émincées
2 gousses d'ail pelées et hachées
60 cl de fumet de poisson (voir page 150) ou d'eau
le jus de 3 oranges
1 gros bouquet de coriandre ciselée
sel et poivre noir du moulin
15 cl de crème fraîche épaisse (facultatif)

1 Faites chauffer une casserole à fond épais sur feu moyen, puis ajoutez les moules et les clams. Versez le vin, ajoutez les échalotes, l'ail et le fumet de poisson ou l'eau. Laissez cuire à couvert sur feu moyen pendant 2 à 3 minutes.

2 Mélangez bien et secouez la casserole pour faciliter l'ouverture des coquillages. Ajoutez le jus d'orange et portez à ébullition. Quand le liquide commence à bouillir, ôtez les moules et les clams à l'aide d'une écumoire ; ils doivent être tous ouverts. Réservez les coquillages.

3 Retirez le liquide du feu et filtrez-le dans une passoire fine ou à travers une mousseline au-dessus d'une casserole propre. Ajoutez ensuite la coriandre, les moules et les clams. Goûtez avant d'ajouter sel et poivre (les moules sont souvent très salées, peut-être n'est-il pas nécessaire de saler à nouveau). Incorporez ensuite la crème fraîche (facultatif).
Retirez et jetez tous les coquillages non ouverts. Servez cette soupe dans de grands bols.

STEVEN

IL S'AGIT LÀ D'UNE DE MES SOUPES FAVORITES – les goûts des fruits de mer et de l'orange se mêlent pour constituer une entrée rafraîchissante et pleine de caractère. Les coquilles des moules et des clams donnent au plat un faux air de moules marinière. Merveilleuse pour un dîner entre amis, cette soupe est facile à préparer et ses ingrédients sont peu onéreux. La crème fraîche a pour effet de lier les arômes entre eux. Cette soupe suffit pour 6 entrées ou pour 4 convives au solide appétit. Mangez les coquillages et dégustez la soupe avec du bon pain frais (voir mes recettes de pain pages 154-155).

LE VIN, LE JUS D'ORANGE ET LA CORIANDRE, très yin, contrebalancent le caractère yang des fruits de mer et équilibrent le plat en renforçant les énergies du sol et du métal. C'est un plat idéal pour vous ravigoter et vous rafraîchir en été ; grâce aux coquillages, il vous aidera à retrouver votre vitalité.

SIMON

soupe de cresson au haddock fumé

1 cuil. à soupe d'huile de tournesol
2 échalotes pelées et hachées
(ou un petit oignon)
1 petit fenouil, haché
2 côtes de céleri, hachées
2 gousses d'ail pelées
et finement hachées
250 g de haddock,
avec la peau
1 litre de lait
12 cuil. à soupe de purée de cresson
préparée avec 1 gros bouquet
de cresson (voir page 151)
15 cl de crème fraîche
sel et poivre noir du moulin
100 g de filet de haddock,
cuit et effeuillé

1 Faites chauffer l'huile dans une poêle sur feu doux. Ajoutez les échalotes, le fenouil, le céleri et l'ail puis laissez cuire 2 à 3 minutes en remuant. Ajoutez le haddock avec la peau ; faites cuire à nouveau 2 à 3 minutes en remuant constamment pour défaire le poisson.

2 Ajoutez le lait et portez à ébullition. Réduisez ensuite le feu et laissez frémir entre 15 et 20 minutes. Retirez du feu et passez le mélange au mixeur. Versez à travers une passoire fine ou une mousseline au-dessus d'une casserole propre. Remettez à feu très doux pour garder au chaud sans faire bouillir.

LE HADDOCK donne à cette soupe une grande saveur car il parfume superbement le bouillon. Le cresson apporte son arôme délicat et son moelleux pour conférer au plat un goût sensuel et raffiné.

STEVEN

LE CARACTÈRE YANG de cette soupe est essentiellement dû au haddock qui renforce les énergies du métal et de l'eau. Le fait de cuisiner le haddock avec peau et arêtes permet d'obtenir un bouillon nutritif et riche en minéraux. Cette soupe est tout indiquée pour favoriser la concentration mentale et pour améliorer la mémoire.

SIMON

3 Préparez la purée de cresson (voir page 151). Réservez.

4 Battez la crème fraîche et incorporez progressivement 12 cuil. à soupe de purée de cresson ; salez et poivrez. Ajoutez à la soupe en remuant. Réservez.

5 Partagez le filet de haddock effeuillé en quatre portions égales dans les bols de service. Versez délicatement la soupe sur le poisson et servez immédiatement.

LA CITROUILLE POSSÈDE UN GOÛT NATURELLEMENT DOUX, particulièrement savoureux en octobre. Cette soupe ne doit néanmoins pas être réservée à Halloween et peut être servie toute l'année ! Si vous ne pouvez pas vous procurer de l'huile de truffe, remplacez-la par de l'huile de sésame pour apporter du caractère à ce plat.

STEVEN

LA CITROUILLE EST LE LÉGUME RÊVÉ pour qui apprécie la douceur yin de son goût – plus longtemps vous la cuirez, plus elle sera douce. Il en est de même pour l'oignon. Le céleri, le chou chinois et les tomates, également yin, apportent leur fraîcheur à ce plat. Il s'agit là d'une soupe aux légumes qui est nécessairement plus yin qu'une préparation à base de viande ou de poisson. Ce plat est particulièrement recommandé aux personnes souffrant d'hypertension ; il réchauffe tout en permettant de se détendre. Consommé régulièrement, il fortifie les parois de l'estomac. Il peut aussi aider quiconque souhaite réduire son apport en sucre car son arôme est naturellement doux. La citrouille renforce l'influence du sol, et vous aide à vous sentir plus calme, plus serein.

SIMON

soupe à la citrouille, au céleri et au chou chinois

1 cuil. à soupe d'huile d'olive
1 petit oignon pelé et coupé en dés
3 gousses d'ail pelées et hachées
2 côtes de céleri émincées, avec les feuilles
1 petit fenouil coupé en dés
1 litre d'eau froide
300 g de citrouille coupée en dés de 2 cm
1 cuil. à soupe de purée de tomates séchées (voir page 152)
sel et poivre blanc du moulin
1 ou 2 feuilles de chou chinois (ou d'épinards) finement hachées
2 tomates pelées et coupées en dés
1 petit bouquet de basilic frais, finement ciselé
1 cuil. à café d'huile à la truffe

1 Faites chauffer l'huile dans une casserole sur feu doux. Ajoutez l'oignon, l'ail, le céleri et le fenouil ; laissez revenir 2 à 3 minutes pour attendrir les légumes sans les faire roussir.

2 Ajoutez l'eau et la citrouille et portez à ébullition. Incorporez la purée de tomate, puis réduisez le feu et laissez frémir pendant 20 minutes, jusqu'à ce que la citrouille soit tendre. Salez et poivrez, puis retirez du feu. Ajoutez les feuilles de céleri et de chou, les tomates et le basilic. Aspergez d'huile de truffe avant de servir.

potage de légumes-racines à l'huile de coriandre

2 cuil. à soupe 1/2 d'huile d'olive
2 carottes moyennes coupées en morceaux de 2 cm
2 panais moyens ou 2 navets longs coupés en morceaux de 2 cm
1 rutabaga moyen coupé en morceaux de 2 cm
2 côtes de céleri coupées en morceaux de 2 cm
1 petite courge coupée en morceaux de 2 cm
6 gousses d'ail pelées
sel et poivre blanc du moulin
1 cuil. à soupe de sirop de riz brun ou de miel
1 branche de thym, 2 petits oignons pelés et hachés
20 cl de vin blanc sec
75 cl de bouillon au miso (voir page 150)
1 cuil. à soupe de basilic frais, ciselé
1 cuil. à soupe d'huile à la coriandre (voir page 153)

1 Préchauffez le four à 200 °C. Faites chauffer sur feu vif 2 cuillerées à soupe d'huile dans une cocotte allant au four et ajoutez les légumes crus, 4 gousses d'ail, un peu de sel et de poivre, le sirop de riz (ou le miel) et le thym. Faites dorer pendant 1 à 2 minutes, puis transférez la cocotte dans le four et laissez rôtir pendant 20 à 25 minutes, jusqu'à ce que les légumes soient tendres.

2 Pendant ce temps, chauffez à feu doux le restant d'huile dans une grande casserole. Écrasez les 2 dernières gousses d'ail et ajoutez-les dans la casserole avec les oignons. Laissez revenir 1 à 2 minutes, puis versez le vin. Portez à feu moyen, et chauffez jusqu'à ce que le mélange devienne sirupeux.

3 Sortez les légumes du four et égouttez-les pour éliminer l'excès d'huile. Ôtez le thym. Versez le bouillon de miso dans la casserole et portez à ébullition. Ajoutez les légumes rôtis et laissez frémir pendant 5 minutes. Salez et poivrez selon le goût et ajoutez le basilic. Aspergez de quelques gouttes d'huile à la coriandre et servez dans des bols chauds.

PLUTÔT QUE D'UN BOUILLON DE LÉGUMES, j'ai préféré me servir de miso (à base de haricots de soja et de riz) qui apporte une note exotique à ce plat rustique. Par les froides journées d'hiver, vous pouvez garder les légumes entiers ou les couper en gros morceaux pour réaliser ce plat chaud et goûteux.

STEVEN

LES LÉGUMES-RACINES SONT LES PLUS YANG DES LÉGUMES, et le fait de les rôtir renforce cette caractéristique. Ce plat constitue une excellente soupe pour l'hiver et les climats froids. Plus la soupe sera épaisse, plus elle sera yang. La cuisson à l'huile garantit un plat riche et savoureux. Le miso ou la sauce soja rendent également la soupe plus yang ; ils ont tous deux la réputation d'enrichir le sang en minéraux et de réduire son acidité. Cette soupe a pour effet de renforcer les Chi du sol et du métal dans votre organisme. Consommé régulièrement, ce plat vous aidera à supporter les rigueurs de l'hiver et à renforcer votre endurance.

SIMON

salade de légumes marinés
aux bettes et à l'huile au raifort

POUR LA SALADE DE LÉGUMES

1 carotte râpée
200 g de girolles
1 poireau cru, émincé
1 piment rouge épépiné et émincé
1 piment vert épépiné et émincé
100 g de haricots mange-tout en petits morceaux
1 bouquet de mizuna ou de roquette sans les queues
1 bouquet de jeunes bettes pourpre
sel et poivre noir du moulin
2 cuil. à soupe d'huile au raifort (voir page 153)
1 grosse pincée de paprika

POUR LA MARINADE

100 ml de vinaigre de vin
150 ml de vin blanc
1 cuil. à s. de sirop de riz ou de miel

1 Mettez un plat à refroidir au réfrigérateur. Faites chauffer la marinade dans une casserole sur feu moyen ; ajoutez la carotte, les champignons, le poireau et le piment. Portez à ébullition, puis retirez du feu et ajoutez les mange-tout. Égouttez les légumes en conservant la marinade ; vous pourrez le faire réduire et l'utiliser comme assaisonnement sur une salade.

2 Disposez sans attendre les légumes sur le plat dans le réfrigérateur et laissez-les refroidir entre 30 et 45 minutes.

3 Lorsque les légumes sont rafraîchis, versez-les dans un saladier et couvrez-les de feuilles de mizuna et de bettes. Salez et poivrez. Divisez la salade en quatre parts, répartissez sur les assiettes de service et arrosez d'huile au raifort. Parsemez de paprika le pourtour des assiettes avant de servir.

STEVEN

LE GOÛT DE CETTE SALADE EST BEAUCOUP PLUS INTÉRESSANT QU'IL N'Y PARAÎT. Les arômes des légumes relevés de piment mettront vos papilles en émoi. Ce plat constitue la base de nombreuses entrées d'été, auxquelles vous pouvez ajouter toutes les salades de saison, ainsi que quelques tomates.

SIMON

GÉNÉRALEMENT, LES SALADES SONT PLUTÔT YIN. Les légumes verts frais et crus sont très yin ; le vin, le vinaigre et les piments renforcent ces caractéristiques. La marinade est toutefois une préparation yang ; plus les légumes sont marinés longuement et salés, plus ils deviennent yang. Ce plat porteur des énergies de l'eau et de l'arbre est très rafraîchissant par temps chaud. Consommé régulièrement, il favorise la détente.

SIMON

LES ASPERGES GRILLÉES confèrent une énergie très yang à cette salade qui constitue un plat stimulant. Le parmesan rend ce plat encore plus yang et plus complet. C'est une préparation pour les repas entre amis ; les qualités attachées à l'asperge incitent les convives à communiquer plus facilement. Le Ch'i véhiculé par les salades de la garniture est plus rafraîchissant, plus yin. Pour obtenir une recette encore plus yin, remplacez le parmesan par des carottes râpées assaisonnées au shoyu et au vinaigre.

LE MERVEILLEUX ARÔME légèrement fumé mêlé au goût délicat des asperges fait de ce plat une entrée raffinée. En saison, l'asperge est un délicieux légume qui ne nécessite pas de préparation élaborée. Il suffit de la servir avec une huile citronnée ou parfumée à l'ail (voir page 153).

STEVEN

salade d'asperges **à la tapenade**

20 asperges vertes
15 cl d'huile au citron (voir page 153)
4 cuil. à soupe de feuilles de roquette en lanières
4 cuil. à soupe de feuilles de laitue en lanières
2 cuil. à soupe de feuilles d'épinard en lanières
1 cuil. à soupe de coriandre fraîche ciselée
sel et poivre noir du moulin
2 cuil. à soupe de copeaux de parmesan (facultatif)
2 cuil. à soupe de tapenade (voir page 121)

1 Plongez les asperges dans une grande casserole d'eau bouillante salée et laissez-les 1 minute. Passez-les ensuite dans l'eau froide pour les rafraîchir. Égouttez et réservez dans un plat.

2 Versez sur les asperges 10 cl d'huile au citron ; laissez mariner au moins une demi-heure et au maximum 24 heures.

3 Disposez les salades dans un saladier. Sortez les asperges de la marinade et ôtez l'extrémité épaisse pour faciliter la cuisson ; ajoutez ces parties à la salade.

4 Faites chauffer un gril sur feu vif ; lorsqu'il est très chaud, faites griller les asperges pendant 1 minute en les retournant à mi-cuisson. Salez.

5 Si vous le souhaitez, ajoutez le parmesan à la salade et mélangez bien. Répartissez sur 4 assiettes de service et assaisonnez avec le restant d'huile. Servez les asperges chaudes avec la tapenade, saupoudrées de poivre fraîchement moulu.

salade de calmars

4 petits calmars, de 10 cm de long environ
2 cuil. à soupe d'huile de sésame
1 bouquet de mizuna ou de roquette
1 salade frisée
1 bouquet de feuilles de bettes rouges
huile pour la friture
2 cuil. à soupe de farine salée et poivrée

POUR LA MARINADE
100 ml de vinaigre de riz
250 ml de vin de riz, de vin blanc sec ou de saké
5 cuil. à s. de sirop de riz ou de miel
sel et poivre noir du moulin
le jus de 2 citrons verts
1 tige de citronnelle en tronçons de 3 cm
2 gousses d'ail pelées et coupés en lamelles
1 piment rouge épépiné et émincé

STEVEN

CETTE SALADE EST À LA FOIS TENDRE ET SAVOUREUSE. Plus les calmars marineront longuement, plus elle sera épicée. Pour ma part, je les laisse macérer pendant 2 jours. Grâce aux tentacules frits, ce plat allie de belle manière le chaud au froid, le croquant et la douceur des textures.

SIMON

LE CALMAR EST UN MOLLUSQUE RELATIVEMENT YIN qui se prête bien aux recettes des pays au climat chaud. La salade, le vinaigre, le sirop de riz, le saké et le mode de préparation sont rafraîchissants. Le piment permet à l'organisme d'évacuer sa chaleur interne. La saveur aigrelette du vinaigre renforce l'énergie de l'arbre. Bien que cette préparation favorise la détente, les piments sont stimulants, ce qui convient aux personnes qui souhaitent développer leur vitalité, leur créativité et leur imagination.

1 Mélangez tous les ingrédients de la marinade. Nettoyez les calmars ; ôtez les tentacules et réservez-les. Coupez chaque calmar en deux de façon à obtenir 8 morceaux de taille identique. Lavez-les, puis incisez la chair à l'aide d'un couteau pointu pour obtenir un motif en croix. Arrosez de marinade. Réservez 1 à 2 heures.

2 Mélangez la salade, la mizuna et les bettes dans un saladier. Réservez.

3 Faites chauffer l'huile de sésame sur feu vif dans une poêle ou un wok. Mettez-y les calmars à revenir 2 à 3 min. Retirez du feu lorsqu'ils sont légèrement dorés. Égouttez les calmars à l'aide d'une écumoire et déposez-les sur les feuilles de salade. Réservez.

4 Chauffez l'huile pour la friture. Passez les tentacules dans la farine assaisonnée, puis plongez-les dans l'huile pendant 2 minutes jusqu'à ce qu'ils soient croustillants. Essuyez-les dans du papier absorbant avant de les mélanger à la salade.

saumon à la vodka et au jus d'agrumes

16 fines tranches de saumon cru
2 échalotes finement hachées
1 poireau coupé en rondelles de 3 mm
2 cuil. à soupe de vodka
le jus d'1 orange sanguine bien mûre
1 cuil. à café de fleur de sel
poivre noir du moulin
1 jus de citron vert
quelques feuilles de mizuna ou de roquette

1 Étalez vos tranches de saumon sur des assiettes (4 tranches par assiette). Sur le poisson, répartissez les échalotes et les rondelles de poireau.

2 Mélangez ensemble la vodka et le jus d'orange. Versez un peu de ce liquide dans chaque assiette pour couvrir le saumon.

3 Au dernier moment, parsemez de fleur de sel et de poivre du moulin, puis ajoutez le jus de citron vert. Garnissez de feuilles de mizuna ou de roquette et servez immédiatement.

SIMON

LE SAUMON EST UN POISSON ACTIF, TRÈS YANG. Sa capacité à remonter les courants est le signe d'un Ch'i puissant. La vodka, le jus d'orange et la salade, plus yin, viennent contrebalancer ce caractère. Cette entrée qui combine les extrêmes est tout indiquée si vous manquez d'inspiration. Elle activera à la fois votre côté yin et votre côté yang, et contribuera à vous élargir l'esprit.
Peut-être verrez-vous les choses différemment ou ferez-vous preuve de davantage de créativité après ce repas.

STEVEN

CE PLAT SOPHISTIQUÉ EST À RÉSERVER AUX GRANDES OCCASIONS.
Lorsque je l'ai préparé pour la première fois, j'ai laissé le saumon mariner pendant 24 heures dans la vodka et le jus d'orange. Je me suis rendu compte, depuis, que pour préserver la fraîcheur des arômes et la texture de la chair, il valait mieux assaisonner le poisson seulement quelques minutes avant de servir.

Ce plat est tout indiqué lorsque vous manquez de vitalité. Bien que la chair du crabe soit relativement yang, le concombre, le vinaigre de vin blanc et la coriandre contribuent à en faire une entrée yin et rafraîchissante. Les tons vert et blanc renforcent le Ch'i de l'eau. Ce plat est idéal pour développer la créativité.

SIMON

Vous pouvez utiliser du crabe en conserve, mais un crabe frais sera meilleur. Prélevez seulement la chair blanche ainsi que la chair brune de la tête, en écartant les parties spongieuses. Vous pouvez préparer le concombre mariné jusqu'à deux jours à l'avance.

STEVEN

tian de crabe

POUR LE CRABE

1 concombre coupé dans le sens de la longueur en fines tranches de 9 cm
3 cuil. à soupe de vinaigre de vin blanc
sel et poivre noir du moulin
1 gros crabe cuit de 1,2 à 1,3 kg ou 600 g de crabe en boîte
1 cuil. à café de gingembre en poudre
2 cuil. à soupe de crème fraîche
1 petit bouquet de coriandre fraîche, ciselée
1 petit concombre

POUR L'ASSAISONNEMENT

3 cuil. à soupe de vinaigre de xérès
3 cuil. à soupe d'huile d'olive extra vierge
sel et poivre noir du moulin

1 Disposez les tranches de concombre dans un saladier. Ajoutez le vinaigre de vin, salez et poivrez selon le goût et laissez mariner pendant 30 minutes.

2 Mélangez ensemble la chair du crabe, le gingembre et la crème fraîche ; salez et poivrez, puis ajoutez la coriandre. Posez ensuite une tranche de concombre sur une assiette de service, étalez dessus une couche de crabe de 1 cm d'épaisseur environ en respectant la forme rectangulaire du concombre. Continuez en alternant 3 fois concombre et crabe, et terminez par une tranche de concombre. Utilisez un couteau économe pour prélever la peau du petit concombre. Décorez chaque tian d'une demi-cuillerée à soupe de cette peau.

3 Mélangez le vinaigre de xérès et l'huile d'olive. Salez et poivrez selon le goût. Répartissez cet assaisonnement sur les tians. Vous pouvez aussi utiliser de la sauce voodoo ou un coulis de tomate et d'orange (voir pages 151 et 152).

croquettes de thon

2 grosses pommes de terre pelées et coupées en dés de 2 cm
2 poivrons rouges épépinés et coupés en lanières
2 poivrons jaunes épépinés et coupés en lanières
2 gousses d'ail pelées et grossièrement hachées
2 cuil. à soupe d'huile d'olive
sel et poivre noir du moulin
200 g de thon en boîte, égoutté
2 jaunes d'œufs
6 cuil. à soupe de chapelure fraîche
1 cuil. à soupe d'huile
1 petit bouquet de roquette pour décorer

1 Mettez les dés de pommes de terre dans une casserole, couvrez d'eau salée et portez à ébullition. Laissez cuire jusqu'à ce que les pommes de terre soient tendres.

2 Préchauffez le four à 200 °C. Étalez les poivrons sur la plaque de cuisson, saupoudrez-les d'ail haché et arrosez-les d'huile d'olive. Salez et poivrez, puis faites cuire pendant 15 minutes, jusqu'à ce que les légumes soient bien tendres (vous pouvez aussi les disposer sur le gril, à four très chaud). Sortez les poivrons et transférez-les dans un saladier. Couvrez d'un film plastique et réservez jusqu'à ce que la peau se détache.

3 Égouttez les pommes de terre et écrasez-les avec un peu d'huile d'olive. Mélangez ensemble dans un saladier la même quantité de pommes de terre et de poisson, assaisonnez, puis incorporez les jaunes d'œufs. Si le mélange est trop souple, ajoutez un peu de chapelure. Façonnez 12 petites boules de cette pâte. Roulez-les dans la chapelure.

4 Faites chauffer l'huile dans une poêle sur feu doux. Déposez les boulettes de poisson dans l'huile et laissez-les dorer 5 minutes en les retournant de temps en temps. Pendant ce temps, disposez les poivrons (pelés) dans les assiettes de service, puis posez 3 croquettes dans chacune d'entre elles. Aspergez de quelques gouttes d'huile d'olive, décorez de feuilles de roquette et servez.

POUR CES CROQUETTES, inutile d'acheter du thon frais. Ce plat rapide et facile à réaliser se prépare en quelques minutes si l'on excepte les poivrons. C'est une excellente entrée qui peut constituer un plat de résistance si l'on augmente les proportions. Je le sers avec une sauce voodoo ou un coulis de tomates et d'oranges (voir page 151).

STEVEN

LE THON EST UN POISSON YANG qui apporte force et vitalité ; additionné de sel, de jaunes d'œufs et cuisiné de cette manière, il constitue un plat d'autant plus yang. La couleur des poivrons est stimulante et l'adjonction d'ail vous aidera à vous sentir plus dynamique. Le Ch'i de ce plat renforcera votre détermination et votre esprit de décision.

SIMON

SIMON

Ce mélange de légumes légers marinés au vin, au sirop de riz et au vinaigre, constitue un plat très yin. Les champignons shiitake, le mooli ou le radis râpé sont également très yin et peuvent contribuer à réduire les graisses dans le sang – atténuant l'effet de la friture. L'élément dominant de ce plat est l'arbre.

Pour garnir les wontons, vous pouvez concocter toutes sortes de farces – au canard, au poulet, au tofu, aux pousses de soja ou aux crevettes : toutes sont délicieuses.

STEVEN

wontons fourrés aux légumes marinés

2 petits oignons pelés et finement émincés
900 g de champignons shiitake finement émincés
8 cuil. à soupe de pousses de soja hachées
1 grosse poignée de feuilles de chou chinois ou d'épinards, hachés
1 gros bouquet de coriandre finement ciselée, sans les tiges
8 oignons verts finement émincés
8 feuilles de pâte pour wontons de 10 x 10 cm
1 blanc d'œuf battu, huile pour la friture
2 cuil. à soupe d'huile de sésame
2 cuil. à café bombées de graines de sésame
2 cuil. à soupe de mooli ou de radis râpé pour le décor
8 cuil. à soupe de shoyu (sauce de soja japonaise) pour la sauc

POUR LA MARINADE

100 ml de vinaigre de vin blanc
150 ml de vin blanc
100 ml de sirop de riz ou de miel

1 Mettez les ingrédients de la marinade dans une casserole et portez à ébullition. Ajoutez les oignons, les champignons et les pousses de soja et portez à nouveau à ébullition. Retirez du feu et laissez refroidir 3 minutes avant d'incorporer le chou et la coriandre.

2 Sortez les légumes à l'aide d'une écumoire et déposez-les sur une plaque de cuisson. Réservez au réfrigérateur 10 minutes.

3 Lorsque les légumes sont rafraîchis, sortez-les du réfrigérateur et disposez-les dans un saladier. Ajoutez l'oignon vert en mélangeant bien.

4 Étalez soigneusement les carrés de pâte à wonton sur le plan de travail et passez un pinceau imprégné de blanc d'œuf sur les bords. Faites pivoter un carré de façon que l'un des angles soit pointé vers vous. Déposez 1/2 cuillerée à soupe de farce aux légumes au milieu d'une feuille de pâte. Soulevez l'angle le plus proche de vous et rabattez-le sur la farce. Repliez ensuite les pointes de droite et de gauche vers le centre. Enfin, roulez le wonton en le poussant loin de vous, de façon que la farce soit bien tassée. Recommencez avec les 7 autres wontons.

5 Faites chauffer l'huile à 175 °C dans une friteuse. Plongez-y les wontons pendant environ 2 minutes pour les faire dorer. Brossez-les d'un peu d'huile de sésame et saupoudrez-les de graines de sésame pendant qu'ils sont encore chauds. Servez immédiatement avec du mooli râpé et du shoyu, ou coupez-les en deux et décorez-les de ciboulette, comme sur l'illustration ci-dessus.

sushis au saumon fumé

4 tranches de saumon fumé de 100 g chacune environ
1 cuil. à café de wasabi (voir page 148)
5 cuil. à soupe de riz gluant ou de riz rond
1 cuil. à soupe de vinaigre de riz
1 feuille de nori de 24 x 16 cm (voir page 149)
1 cuil. à soupe de shoyu (sauce de soja japonaise)
sel et poivre noir du moulin
4 cuil. à soupe d'œufs de saumon ou de caviar pour le décor
quelques feuilles de mizuna ou de cerfeuil, ciselées

Vous pouvez placer sur la table de petites coupelles de shoyu, de wasabi et de pickles de légumes (voir page 149) pour tremper vos rouleaux. Cette recette permet de réaliser environ 8 sushis ; augmentez les proportions si vous souhaitez en faire davantage.

1 Découpez un film alimentaire de 30 x 30 cm. Disposez dessus le saumon sur une seule couche, de façon qu'il forme un rectangle de 15 x 25 cm environ. Étalez le wasabi sur le poisson, puis réservez ce dernier au réfrigérateur.

2 Mettez le riz dans une casserole et couvrez-le d'eau salée (25 cl environ). Ajoutez le vinaigre de riz. Portez à ébullition, puis laissez frémir à feu moyen jusqu'à ce que le riz ait absorbé tout le liquide. Si le riz n'est pas tout à fait cuit, ajoutez environ 3 cuil. à soupe d'eau, sans exagérer, sinon il ne collerait plus. Retirez la casserole du feu et laissez refroidir pendant au moins 10 minutes.

3 Recouvrez le saumon fumé avec la feuille de nori. Passez dessus un pinceau enduit de shoyu pour assouplir l'algue. Lorsque le riz est froid, étalez-en une couche sur la moitié de la feuille de nori, en bordure de l'un des longs côtés. Roulez ensuite toutes les couches ensemble en commençant par le bord garni de riz. Laissez le rouleau dans le film alimentaire pour en préserver la forme et réservez-le au réfrigérateur pendant au moins 1 heure.

4 Lorsqu'il est bien froid, coupez le rouleau en 8 portions de 3 cm chacune. Disposez chaque mini-rouleau sur chaque assiette, de façon que la partie garnie soit sur le dessus. Décorez le tout d'une demi-cuillerée à café d'œufs de saumon ainsi que d'un brin de mizuna ou de cerfeuil.

STEVEN

Les sushis sont revitalisants, grâce à leur saveur fraîche et stimulante. Le shoyu et le wasabi apportent leur richesse de goût, faisant de chaque bouchée une merveille d'équilibre tant en ce qui concerne les arômes que la texture. Les Japonais roulent leurs sushis sur des sets de bambou, mais je préfère utiliser du film alimentaire.

Le saumon est un poisson yang très actif, et le nori comme le shoyu renforcent ces qualités. Le wasabi, porteur du Ch'i du métal, rend ce plat plus digeste. Les chefs japonais considèrent ce condiment comme l'accompagnement idéal du poisson cru.

SIMON

cabillaud vapeur au chou chinois et au coulis de courge

POUR LE COULIS DE COURGE

- 1/2 cuil. à café de filaments de safran
- 1 grosse courge musquée, pelée, émincée et épépinée
- 10 cl de bouillon (voir page 150)
- 1 cuil. à s. de sirop de riz ou de miel
- 1 cuil. à café de noix muscade râpée
- sel et poivre noir du moulin

POUR LE CABILLAUD ET LES COURGETTES

- 4 filets de cabillaud de 175 g, sans la peau
- 8 grandes feuilles de chou chinois ou d'épinards
- 2 grosses courgettes jaunes ou vertes
- 3 cuil. à soupe d'huile d'olive

STEVEN

LES FEUILLES DE CHOU CHINOIS constituent un merveilleux accompagnement pour le poisson. Vous pouvez également glisser des tomates en grappe ou des champignons sous les feuilles. La sauce apporte sa saveur et sa couleur insolites à la chair délicate de la morue.

SIMON

LE CABILLAUD EST YIN, tout comme les courgettes et le chou chinois, ce qui donne un plat très yin. La cuisson à la vapeur est aussi un mode de préparation yin qui rend ce plat régénérant et énergétique sans être trop lourd. La courge apporte son goût capiteux tout en renforçant l'énergie yin.

1 Pour le coulis de courge, faites chauffer 25 cl d'eau dans une casserole. Lorsqu'elle frémit, ajoutez le safran et la courge. Laissez pocher 5 à 7 minutes. Retirez la courge de l'eau à l'aide d'une écumoire et transférez-la dans le bol d'un mixeur. Réduisez la chair en purée, puis pressez-la dans une passoire fine. Ajoutez le bouillon de légumes chaud, le sirop de riz et la noix muscade ; mélangez bien. Assaisonnez et réservez au chaud.

2 Faites chauffer de l'eau dans une grande casserole, puis disposez au-dessus un compartiment perforé en vous assurant que celui-ci ne touche pas l'eau. Enveloppez les filets de cabillaud dans les feuilles de chou, disposez-les dans le compartiment, couvrez et laissez cuire à la vapeur pendant 8 à 10 minutes. (Vous pouvez aussi faire pocher le poisson dans 15 cl de vin blanc pendant 10 à 12 minutes dans un four à 200 °C.) Retirez le poisson et réservez au chaud.

3 À l'aide d'un couteau économe, prélevez de fines bandes de peau sur les courgettes, puis coupez ces dernières en tranches diagonales. Faites chauffer l'huile d'olive dans une poêle sur feu moyen. Mettez les tranches de courgette à revenir 30 secondes, puis ajoutez les bandes de peau et laissez frire 30 secondes. Salez.

4 Disposez les tranches de courgette sur les assiettes, dressez dessus les filets de cabillaud, puis décorez des bandes de peau frites. Versez le coulis autour des tranches de courgette et servez.

saumon poché au jus de moules et au safran

POUR LA SAUCE

1 cuil. à café d'huile d'olive
2 échalotes pelées et hachées
2 gousses d'ail pelées et hachées
1/2 cuil. à café de filaments de safran
1 litre de moules grattées et ébarbées
15 cl de vin blanc sec
125 g de beurre glacé, coupé en dés de 2 cm
sel et poivre noir du moulin

POUR LE SAUMON ET LES ÉPINARDS

50 cl de fumet de poisson (voir page 150)
3 anis étoilés
4 pavés de saumon sauvage de 125 g
1/2 cuil. à soupe d'huile de tournesol
250 g d'épinards
sel
1 pincée de noix muscade râpée
4 cuil. à soupe de tomates séchées au four et hachées (voir page 152)

1 Faites chauffer l'huile sur feu doux dans une grande casserole, puis ajoutez les échalotes, l'ail, le safran, les moules et le vin. Laissez cuire 5 à 7 minutes en remuant sans arrêt, couvrez et laissez frémir 2 à 3 minutes.

2 Prélevez les moules à l'aide d'une écumoire et réservez-les au besoin. Incorporez le beurre glacé à la sauce, puis rectifiez l'assaisonnement. Réservez.

3 Mettez le fumet de poisson et l'anis étoilé dans une casserole. Portez à ébullition, puis ajoutez les pavés de saumon. Réduisez le feu pour que le liquide frémisse tout juste et laissez pocher le poisson 2 minutes de chaque côté. Retirez le saumon de la casserole et réservez.

4 Faites chauffer l'huile de tournesol sur feu moyen dans une poêle ou dans un wok, puis ajoutez les épinards. Remuez 1 minute dans l'huile chaude jusqu'à ce que les feuilles se détassent. Salez et ajoutez une pincée de noix muscade, puis retirez du feu. Répartissez les épinards sur les assiettes de service. Dressez dessus les pavés de saumon, recouvrez de tomates séchées au four réchauffées, nappez de sauce aux moules et servez.

LE SAUMON EST PORTEUR D'ÉNERGIE et de vitalité. Les tomates sont séchées au four pour augmenter le caractère yang de la recette. Le vin et les légumes tempèrent cette énergie par leurs propriétés plus yin. Le mode de cuisson renforce l'énergie de l'eau ainsi que celle de l'arbre.

SIMON

LE SAUMON SAUVAGE possède une chair tendre et délicate qui demande une cuisson attentive ; il s'accommode bien d'être poché ou cuit à la vapeur. Le saumon d'élevage a un goût moins fin ; si vous en utilisez, laissez les moules dans la sauce pour réaliser une sorte de pot-au-feu de la mer.

STEVEN

Le pigeonneau d'élevage est plus dodu, plus tendre et plus cher que son cousin le pigeon sauvage car il est élevé avec soin et nourri au maïs. Servez-les juste à point pour qu'ils restent tendres.

STEVEN

Moins l'oiseau est agressif, plus il se révèle yin. Le mode de cuisson, le cidre, les légumes et le porto renforcent ce caractère. Je ne mange pas de viande moi-même, mais Steven m'affirme que c'est délicieux !

SIMON

pigeon poché, chou braisé au cidre et sauce au porto

1,5 l de bouillon de poulet (voir p. 150)
2 anis étoilés
1 petit bouquet de thym sauvage
1 gros chou finement émincé
40 cl de cidre sec
2 pommes pelées, épépinées et coupées en dés de 1 cm
1 cuil. à soupe de graines de fenouil
4 pigeons plumés et vidés
sel et poivre noir du moulin
15 cl de porto
huile pour la friture
2 petites betteraves rouges finement émincées et frites (voir page 149)

1 Faites chauffer le bouillon sur feu moyen dans une grande casserole. Ajoutez l'anis étoilé et le thym et portez à ébullition. Filtrez et réservez au chaud.

2 Préchauffez le four à 170 °C. Disposez le chou dans un plat profond et couvrez avec le cidre et les pommes. Ajoutez 40 cl de bouillon de poulet ainsi que les graines de fenouil. Enfournez et laissez cuire pendant 1 heure.

3 Pendant ce temps, ôtez les pattes des oiseaux et assaisonnez-les à l'intérieur et à l'extérieur. Plongez-les dans le reste de bouillon et laissez frémir pendant 7 minutes. Égouttez les oiseaux, placez-les dans un saladier, couvrez et réservez. Réservez le bouillon.

4 Égouttez le chou une fois qu'il est cuit et mettez-le dans un saladier. Versez le jus de cuisson dans une casserole et faites-le réduire sur feu moyen jusqu'à ce qu'il prenne la consistance d'un sirop. Versez-le alors sur le chou, assaisonnez et réservez.

5 Pour la sauce : prélevez 25 cl du bouillon, versez-le dans une casserole et faites-le réduire de moitié. Ajoutez le porto et faites encore réduire 5 minutes, jusqu'à obtenir la consistance d'un sirop.

6 Plongez les pigeons dans le reste de bouillon sur feu vif ; couvrez et laissez pocher 2 minutes. Égouttez les oiseaux qui doivent être cuits à point et prélevez les blancs. Répartissez le chou sur les assiettes de service et dressez deux blancs sur chacune d'entre elles. Nappez de sauce au porto et décorez de betterave frite.

LE CANARD est plus yang que le pigeon ; il possède une chair plus dense et plus ferme. Le mode de cuisson au gril renforce cette énergie yang. Les haricots et les nouilles constituent des aliments plus yang qu'une salade.

SIMON

STEVEN

LES PUISSANTS ARÔMES EXOTIQUES des mangues et des piments magnifient la saveur capiteuse des magrets de canard. Servez avec des légumes verts cuits à la vapeur ou une salade.

filets de canard à la mangue et aux haricots noirs

POUR LA MARINADE

1 cuil. à soupe de ketchup
10 cl de vinaigre de vin blanc
15 cl de vin blanc
15 cl d'huile d'olive
1 poignée de coriandre ciselée

POUR LE CANARD ET LA SAUCE

4 filets de canard de 175 à 200 g
10 cl de sauce hoisin ou de sauce barbecue
50 g de haricots noirs fermentés
20 cl de vin rouge
40 cl de bouillon de poulet (voir p. 150)
250 g de nouilles de riz, ébouillantées
1 cuil. à soupe d'huile de sésame
1 bouquet de sauge fraîche
1 piment rouge et 1 vert, épépinés
1/2 cuil. à soupe de graines de coriandre
le jus de 2 citrons verts
1 mangue pelée et coupée en dés

1 Mélangez le ketchup, le vinaigre et le vin blanc dans une casserole puis incorporez l'huile d'olive. Portez à ébullition sur feu vif. Ajoutez la coriandre et retirez du feu. Laissez refroidir, puis disposez les filets de canard dans une terrine et nappez-les de cette marinade. Couvrez et laissez macérer au réfrigérateur pendant 2 à 24 heures.

2 Préchauffez le four à 200 °C. Mélangez dans un bol la sauce hoisin et les haricots noirs. Réservez. Dans une casserole, portez le vin rouge ainsi que le bouillon à ébullition et laissez frémir pendant 15 à 25 minutes jusqu'à ce que liquide nappe la cuiller. Réduisez le feu et ajoutez la sauce aux haricots noirs. Réservez au chaud sur feu doux.

3 Faites chauffer au rouge un gril en fonte et mettez-y les filets de canard à cuire 2 minutes de chaque côté. Posez-les dans un plat, peau en dessous, et laissez-les rôtir 5 à 7 minutes au four. Laissez reposer la viande pendant 2 minutes hors du four, puis coupez chaque filet en deux.

4 Faites chauffer l'huile de sésame sur feu vif dans un wok. Ajoutez les nouilles, la moitié des feuilles de sauge et des piments, la coriandre et le jus de citron. Faites sauter pendant 1 à 2 minutes, puis répartissez le mélange sur les assiettes de service. Incorporez le reste des piments et de la sauge dans la sauce aux haricots. Dressez la viande sur les nouilles, nappez de sauce et servez.

poulet en croûte à la marocaine

POUR LA CROÛTE

4 cuil. à soupe de chapelure
2 cuil. à soupe de persil ciselé
1/2 de cuil. à soupe de graines de cumin
4 cuil. à soupe de noix de coco déshydratée
90 g de beurre

POUR LE COULIS

1 cuil. à soupe d'huile d'olive
2 échalotes pelées et hachées
3 gousses d'ail pelées et écrasées
15 cl de vin blanc
1,8 kg de tomates coupées en 4
3 oranges pelées et coupées en dés
2 piments rouges épépinés et émincés
sel et poivre du moulin

POUR LE COUSCOUS

250 g de semoule de couscous
1 cuil. à café de piment de la Jamaïque ou de cinq-épices
1 cuil. à café de gingembre en poudre
1 piment vert épépiné et émincé
30 cl de bouillon de poulet (voir page 150)

POUR LE POULET

1 cuil. à soupe d'huile d'olive
sel et poivre du moulin
4 blancs de poulet de 175 à 200 g, sans la peau

1 Dans un mixeur, mettez la chapelure, le persil, les graines de cumin, la noix de coco et le beurre et mélangez pour obtenir une pâte molle. Assaisonnez et réservez.

Préparez le coulis : faites fondre les échalotes et l'ail dans l'huile pendant 2 minutes. Ajoutez ensuite le vin, les tomates, les oranges et le piment ; laissez mijoter 30 minutes.

2 Pendant ce temps, mélangez dans une terrine la semoule et les épices, le gingembre et le piment. Portez le bouillon à ébullition, puis versez-le sur la semoule. Laissez gonfler 10 minutes, pour que cette dernière absorbe tout le liquide.

3 Préchauffez le four à 200 °C. Chauffez l'huile d'olive sur feu vif dans une poêle. Assaisonnez le poulet et faites-le cuire 2 minutes de chaque côté. Posez-le ensuite sur un plat et passez-le au four pendant 10 minutes.

4 Retirez le coulis du feu ; passez-le au mixer pour obtenir une purée. Filtrez-le, assaisonnez et réservez.

5 Sortez le poulet du four et laissez-le refroidir un peu pour pouvoir le manier sans vous brûler. Appliquez sur chaque blanc une bonne couche de chapelure à la noix de coco. Remettez au four 4 à 5 minutes. Répartissez le couscous sur les assiettes. Dressez dessus les blancs de poulet garnis. Entourez de coulis et servez.

LE POULET, LE COUSCOUS ET LES TOMATES sont des aliments très yin. Vous pouvez remplacer le poulet par de grosses crevettes ou des langoustines pour obtenir une recette encore plus yin.

SIMON

LA CROÛTE EST FACILE À RÉALISER et apporte au plat des arômes inédits qui se marient à merveille avec ceux du coulis et le goût plus discret du couscous.

STEVEN

filet de gibier et croquettes

POUR LA SAUCE

15 cl de bouillon de gibier (voir page 150)
10 cl de vin rouge
1/2 cuil. à s. de graines de cardamome
1 jus d'orange

POUR LES POMMES DE TERRE

1 kg de pommes de terre pelées
2 jaunes d'œufs
sel et poivre noir du moulin
3 cuil. à soupe de farine
1 œuf battu dans un peu de lait
8 cuil. à soupe de chapelure
huile pour la friture

POUR LA VIANDE

1 cuil. à soupe d'huile de pépins de raisin ou d'huile d'olive
4 pavés de biche ou de chevreuil de 175 à 200 g
sel et poivre noir du moulin

POUR LE CHOU

1 chou vert
1 cuil. à soupe d'huile d'olive
1 cuil. à café d'huile à la truffe
sel et poivre noir du moulin

1 Préparez le bouillon de gibier un jour à l'avance (voir page 150). Écumez soigneusement la surface.

2 Faites bouillir les pommes de terre pendant 20 minutes, jusqu'à ce qu'elles soient tendres. Égouttez-les et réduisez-les en purée. Incorporez les jaunes d'œufs et assaisonnez. Façonnez la pâte en 4 triangles. Poudrez de farine, passez dans l'œuf battu puis roulez dans la chapelure. Laissez au réfrigérateur pendant 10 minutes au moins.

3 Faites bouillir le bouillon, le vin et les graines de cardamome. Laissez réduire d'un tiers, puis retirez du feu. Incorporez le jus d'orange et réservez.

4 Préchauffez le four à 220 °C. Chauffez sur feu moyen 1 cuil. à soupe d'huile. Faites revenir la viande 1 minute de chaque côté. Assaisonnez et enfournez pendant 5 à 7 minutes.

5 Ébouillantez les feuilles de chou 30 secondes, puis plongez-les dans l'eau froide. Chauffez l'huile d'olive et l'huile à la truffe dans un wok et faites-y revenir le chou 1 minute. Assaisonnez, puis égouttez. Faites ensuite chauffer l'huile à 170 °C. Plongez-y les croquettes 2 à 3 minutes. Sortez la viande du four, coupez chaque pavé en 2 ou 3 tranches. Dressez sur les choux avec une croquette. Filtrez la sauce, nappez-en la viande et servez.

UN BON FILET DE GIBIER est tendre et plein d'arôme. Il ne demande que peu de préparation : faites-le rôtir jusqu'à ce qu'il soit rose et juteux.

STEVEN

CETTE VIANDE provient d'un animal actif et yang ; les œufs et le sel renforcent ces caractéristiques. Le vin, le jus d'orange et les légumes apportent une composante yin. Cette viande issue d'un animal sauvage est plus saine que celle d'un sujet d'élevage.

SIMON

lasagnes aux épinards et aux champignons des bois à l'huile de piment

450 g de champignons des bois variés
115 g de champignons shiitake
1/2 cuil. à soupe d'huile d'olive
3 échalotes finement hachées
3 gousses d'ail pelées et hachées
5 cuil. à soupe de madère ou de xérès sec
2 cuil. à soupe d'estragon finement ciselé
sel et poivre noir du moulin
250 g de fromage blanc
12 feuilles de lasagnes aux épinards cuites, coupées en rectangles de 13 x 7,5 cm
1 cuil. à soupe d'huile d'olive extra vierge
4 cuil. à soupe de copeaux de parmesan
2 cuil. à soupe d'huile au poivron rouge (voir page 153)

STEVEN

CHAMPIGNONS DES BOIS OU CHAMPIGNONS CULTIVÉS ? J'utilise les deux, en fonction de ce que je trouve sur le marché. Certains champignons coûtent extrêmement cher, alors que les champignons cultivés sont moins onéreux. Quelques champignons secs, comme les cèpes, peuvent rehausser le goût du plat. Prévoyez-en la moitié du volume indiqué de champignons frais et faites-les tremper dans l'eau chaude pendant 10 à 15 minutes.

LES CHAMPIGNONS sont très yin ; accommodés au xérès, ils composent un plat yin très léger. Vous pouvez le rendre encore plus yin en remplaçant le parmesan par des carottes râpées marinées au vinaigre pendant 2 heures. Ainsi transformée, la recette se charge du Ch'i de l'arbre.

SIMON

1 Triez les champignons et grattez-les. Essuyez-les à l'aide d'un linge humide – ne les mettez pas dans l'eau, ils perdraient tout leur arôme. Coupez en deux les plus grands d'entre eux.

2 Faites chauffer l'huile d'olive sur feu doux dans une grande poêle. Faites revenir l'ail et les échalotes pendant 1 minute, puis ajoutez les champignons. Laissez cuire encore 2 à 3 minutes en remuant de temps en temps pour empêcher de coller.

3 Ajoutez le xérès. Mélangez bien et incorporez l'estragon, le sel et le poivre. Ôtez la poêle du feu et laissez refroidir 1 à 2 minutes avant d'ajouter le fromage blanc.

4 Plongez les lasagnes dans une casserole d'eau bouillante salée additionnée d'une cuillerée à soupe d'huile d'olive ; laissez cuire pendant 2 minutes. Égouttez soigneusement.

5 Divisez les pâtes en 4 portions. Intercalez lasagnes et farce aux champignons sur les assiettes de service, en commençant et en finissant par une couche de pâtes. Saupoudrez de parmesan et passez les assiettes sous le gril chaud pendant 2 minutes. Arrosez de quelques gouttes d'huile pimentée, saupoudrez de poivre et servez.

tempura au tofu, aux nouilles somen et au shoyu

750 ml de bouillon de légumes (voir page 150)
115 g de nouilles somen ou de fins spaghettis
10 cl de shoyu (sauce de soja japonaise)
1 cuil. à soupe de sauce hoisin
1 cuil. à source de gingembre râpé
4 oignons verts coupés en deux
1 piment rouge épépiné et émincé
1 piment vert épépiné et émincé
150 g de champignons shiitake émincés
3 cuil. à soupe de pickles de carottes, d'oignons et de poivrons (voir page 149)
poivre du moulin

POUR LE TEMPURA DE TOFU

2 blancs d'œufs
le jus d'un citron
2 cuil. à soupe de maïzena tamisée
sel et poivre du moulin
huile pour la friture
225 g de tofu coupé en dés de 2,5 cm
quelques feuilles de coriandre fraîche ou de persil plat (facultatif)

1 Portez le bouillon de légumes à ébullition ; incorporez le shoyu, la sauce hoisin et le gingembre. Ajoutez ensuite les nouilles et laissez bouillir pendant 4 à 6 minutes.

2 Ajoutez les oignons verts, les piments, les champignons, les pickles ainsi qu'un peu de leur jus. Laissez frémir pendant 3 à 4 minutes, puis poivrez. Goûtez. Ajoutez 10 cl de vin rouge si la préparation paraît trop salée. Retirez du feu, couvrez et réservez.

3 Pour le tempura : battez les blancs d'œufs en neige molle, puis incorporez le jus de citron. Ajoutez la maïzena en fouettant, puis versez un peu d'eau jusqu'à ce que la pâte soit juste assez épaisse pour napper la cuiller. Faites chauffer de l'huile pour la friture à 175 °C dans une casserole ou une friteuse. Plongez chaque dé de tofu dans la pâte, puis faites-les frire pendant 1 à 2 minutes. Égouttez-les. Répartissez le bouillon dans quatre grandes assiettes creuses. Ajoutez les beignets de tofu et décorez de coriandre ou de persil (facultatif) avant de servir.

LES BEIGNETS DE TOFU doivent craquer délicatement sous la dent. Le goût du bouillon doit être à la fois légèrement sucré et relevé – vous pouvez, si vous préférez, utiliser du miso (voir page 150). Essayez la même recette en remplaçant le tofu par du poisson poché ou cuit à la vapeur.

STEVEN

CE PLAT YANG EST À LA FOIS CHAUD ET NOURRISSANT. Les nouilles somen sont faites de farine de sarrasin ; celui-ci est cultivé au Japon sous des climats rigoureux d'où le côté yang de ces nouilles. Les pickles sont également yang, et d'autant plus qu'ils ont mariné longuement. Plus vous épicerez votre plat, plus il sera revitalisant. Pour accentuer ces qualités, ajoutez une pincée de gingembre dans chaque assiette avant de servir.

SIMON

STEVEN

Mélange exotique de piment, de tomate, de mangue et d'épices, la sauce voodoo est l'une de mes grandes découvertes. J'ai un faible pour le fromage de chèvre, mais vous pouvez le remplacer par du parmesan si vous le souhaitez.

SIMON

La coriandre, l'huile d'olive et la sauce voodoo sont yin. Les modes de cuisson (ébullition et friture) sont plus yin que la cuisson au four ou en cocotte. Ce plat fournit une énergie immédiate ; si vous le consommez régulièrement, il améliorera votre endurance. Les Cinq Éléments s'équilibrent bien dans cette recette. Elle est tout indiquée pour un repas léger, un en-cas ou même un déjeuner à emporter.

galettes de risotto au chèvre sauce voodoo

3 cuil. à soupe d'huile d'olive
200 g de pancetta en petits morceaux ou de lardons
3 échalotes pelées et finement hachées
2 gousses d'ail pelées et finement hachées
450 g de riz carnaroli ou arborio ou de riz à grains ronds
1,5 l de bouillon de légumes (voir page 150) ou d'eau
1 bouquet de coriandre fraîche, ciselée
sel et poivre noir du moulin
2 cuil. à soupe bombées de tahini (pâte de sésame)
225 g de fromage de chèvre très sec, râpé
2 œufs battus
300 g de chapelure
4 cuil. à soupe de sauce voodoo (voir page 151)

1 Tapissez une plaque de cuisson (de 30 x 20 x 2,5 cm) de papier sulfurisé. Sur feu moyen, chauffez 1 cuil. à soupe d'huile dans une casserole à fond épais. Ajoutez la pancetta, les échalotes et l'ail et laissez-les revenir quelques minutes. Ajoutez le riz. Faites chauffer le bouillon jusqu'à ce qu'il frémisse. Versez une louche de bouillon sur le riz ; laissez ce dernier absorber tout le liquide avant d'en ajouter une deuxième. Mélangez fréquemment. Continuez jusqu'à ce que tout le bouillon soit absorbé.

2 Ajoutez la coriandre, salez et poivrez, puis retirez du feu et incorporez le tahini ainsi que la moitié du fromage de chèvre. Versez ce mélange sur votre plaque de cuisson et lissez la surface avec le dos d'une cuiller. Réservez pendant 2 heures au réfrigérateur, puis découpez 8 cercles de 7 cm dans le riz. Passez chaque galette ainsi obtenue dans l'œuf battu, puis dans la chapelure, sur les deux faces.

3 Préchauffez le four à 200 °C. Faites chauffer, dans une poêle, le restant d'huile sur feu moyen. Mettez vos galettes à dorer pendant 1 minute de chaque côté, puis disposez-les sur une plaque de cuisson et enfournez-les pendant 5 à 6 minutes pour bien réchauffer l'intérieur. Faites ensuite chauffer le gril du four. Saupoudrez vos galettes de fromage de chèvre et passez sous le gril pour faire fondre le fromage. Servez avec la sauce voodoo.

riz braisé au vin rouge et à la citrouille

2 cuil. à soupe 1/2 d'huile d'olive
2 citrouilles miniatures, épépinées et coupées en deux
1 poivron rouge épépiné et émincé
2 gousses d'ail pelées et écrasées
1 oignon rouge pelé et finement émincé
450 g de riz brun
15 cl de bouillon de légumes (voir page 150) ou d'eau bouillante
30 cl de vin rouge
sel et poivre noir du moulin

1 Préchauffez le four à 200 °C. Appliquez au pinceau 1/2 cuillerée d'huile d'olive à l'intérieur et sur les bords des citrouilles. Couvrez de papier d'aluminium et enfournez pendant 1 heure et demie. Quand leur chair est tendre, sortez les citrouilles du four et gardez-les au chaud. Abaissez la température du four à 150 °C.

2 Pendant la cuisson des citrouilles, faites chauffer sur feu moyen dans une cocotte 2 cuil. à soupe d'huile. Faites-y revenir le poivron, l'ail et l'oignon ; poivrez.

3 Baissez le feu sous la cocotte ; ajoutez le riz, le bouillon de légumes ou l'eau, et la moitié du vin rouge. Salez selon le goût. Couvrez et enfournez pendant 20 minutes.

4 Sortez la cocotte du four, ajoutez le reste du vin rouge, puis remettez au four pendant encore 15 minutes. Replacez ensuite la cocotte sur la cuisinière jusqu'à ce que le riz ait totalement absorbé le vin. Disposez les demi-citrouilles sur les assiettes de service. Répartissez le riz au centre de chacune d'entre elles et servez immédiatement.

STEVEN

LA CITROUILLE cuite au four ou rôtie possède une saveur douce qui se marie magnifiquement avec celle du riz. La cuisson de ce dernier dans le vin rouge donne un plat au goût original et puissant. Une recette idéale pour les dîners de fête en hiver.

SIMON

HORMIS LE POIVRE ET LE VIN, les ingrédients qui entrent dans cette recette sont tous yang. La cuisson au four accentue ce caractère – plus elle est longue, plus le plat est yang. Ce plat vous aidera, en hiver, à résister aux rhumes saisonniers. En ce qui concerne les Cinq Éléments, ce plat très dense est dominé par le Ch'i du métal.

tempura de légumes à la sauce shoyu

POUR LES LÉGUMES

1 carotte pelée
8 petits bouquets de chou-fleur ou de brocoli
8 épis maïs miniatures
1 poivron rouge
1 cuil. à café de noix muscade
1 cuil. à café de piment de la Jamaïque
1 cuil. à café de gingembre en poudre
1 cuil. à café de poivre noir du moulin
huile pour la friture

POUR LA PÂTE

2 blancs d'œufs
1 jus de citron
2 cuil. à soupe de maïzena
sel et poivre noir du moulin

POUR LA SAUCE

2 cuil. à s. de shoyu (sauce de soja)
1 cuil. à café de vinaigre de vin
1 cuil. à café de gingembre râpé
1 piment rouge épépiné et finement haché (facultatif)
1 piment vert épépiné et finement haché (facultatif)
1 cuil. à café de mooli ou de radis râpé

1 Coupez la carotte en bâtonnets de 1 x 7 cm. Faites blanchir la carotte, le chou-fleur et le maïs dans une casserole d'eau bouillante salée pendant 2 minutes. Rafraîchissez les légumes sous l'eau froide, égouttez-les et mettez-les dans un saladier. Ajoutez le poivron coupé en lanières, la noix muscade, le piment de la Jamaïque, le gingembre en poudre et le poivre. Mélangez bien.

2 Battez les blancs d'œufs en neige molle et ajoutez le jus de citron. Incorporez la maïzena et un peu d'eau. Assaisonnez.

3 Faites chauffer l'huile à 170 °C dans un wok ou une friteuse. Trempez 4 ou 5 morceaux de légumes dans la pâte, puis faites-les dorer dans l'huile pendant 2 minutes. Retirez-les à l'aide d'une écumoire et égouttez-les sur du papier absorbant. Recommencez jusqu'à ce que tous les légumes soient frits.

4 Mélangez tous les ingrédients de la sauce, excepté le radis. Versez dans une coupelle, déposez le radis au milieu. Placez la sauce au centre d'un grand plat et disposez les beignets de légumes autour.

STEVEN

TOUT LE MONDE AIME LE TEMPURA. Les légumes croustillants et la sauce à base de shoyu donnent beaucoup de caractère à ce plat. Essayez selon vos goûts toutes les sortes de légumes. J'ajoute des lanières de poivrons pour la couleur.

SIMON

LE MAÏS DOUX ET LE CHOU-FLEUR sont tous deux des légumes yin. La méthode de cuisson rapide des beignets est également yin car les légumes restent frais et conservent tous leurs nutriments. Le radis sert à rendre l'huile plus digeste et le gingembre râpé améliore la circulation sanguine. Ce plat favorise le déplacement du flux d'énergie dans le corps, réchauffe les extrémités et apporte la détente.

SIMON

LE CHOU EST UN LÉGUME TRÈS YANG, surtout lorsqu'il est braisé au four. Le fait d'ajouter du sel le rend encore plus yang, aussi n'en abusez pas. Les raisins secs et le vinaigre, plus yin, rétabliront l'équilibre. La saveur aigre-douce renforce les éléments de l'arbre et du sol.

Le chou braisé est un excellent plat d'hiver qui vous aidera à vous sentir plus vigoureux et à combattre les refroidissements.

LES PERSONNES QUI N'AIMENT PAS LE CHOU seront agréablement surprises par ce plat (c'est après tout l'un des légumes les plus nutritifs). Le raisin et la cannelle apportent leurs saveurs sans dénaturer la texture du légume. L'association des arômes aigre et doux constitue l'un de mes goûts favoris. Méfiez-vous toutefois que cette garniture n'éclipse pas l'intérêt du plat qu'elle accompagne.

STEVEN

chou braisé à l'aigre-douce aux raisins secs

1 petit chou vert
1 cuil. à café de noix muscade fraîchement râpée
3 cuil. à soupe de vinaigre de vin blanc
55 g de raisins secs
1 cuil. à café de cannelle en poudre
2 cuil. à soupe de miel
35 cl de bouillon de légumes (voir page 150)
sel et poivre noir du moulin

1 Préchauffez le four à 150 °C. Ôtez le trognon et toutes les feuilles flétries ou abîmées du chou en le gardant entier. Découpez ensuite le chou en lanières de 1 cm de largeur environ, les plus longues possible, et disposez-les dans un plat allant au four. Ajoutez la noix muscade, le vinaigre, les raisins secs, la cannelle et le miel.

2 Dans une casserole, portez le bouillon à ébullition, puis versez-le sur le chou. Salez et couvrez d'une feuille d'aluminium ménager. Glissez le plat dans le four et laissez cuire pendant 30 minutes en remuant de temps en temps. Sortez le plat du four ; poivrez avant de servir.

OUTRE LES LÉGUMES ET LA MENTHE, la cuisson rapide fait de cette recette un plat très yin. Le tahini est riche en minéraux et permet de réaliser des plats crémeux, sains et plus yin. La fraîcheur de cette préparation renforce le Ch'i de l'arbre. Servez-la par les jours chauds ou lorsque vous avez besoin de vous sentir plus léger et détendu. Elle peut aussi vous aider à stimuler votre imagination et votre créativité.

SIMON

STEVEN

LE CROQUANT DES PETITS POIS FRAIS EST INIMITABLE, mais si vous ne pouvez vous en procurer, les petits pois surgelés de qualité les égalent pratiquement. J'ai allégé cette recette en en bannissant tout beurre, farine ou lait au profit du tahini. Ce dernier donne au plat sa saveur légère et sa consistance crémeuse sans être lourde. Une recette idéale pour accompagner viandes et poissons.

petits pois aux échalotes

50 cl de bouillon de légumes (voir page 150)
1 cuil. à soupe d'huile de tournesol
8 petites échalotes pelées et hachées
1 kg de petits pois frais écossés ou congelés
15 cl de tahini (pâte de sésame) ou de crème fraîche
quelques feuilles de menthe
4 grosses cuil. à soupe de romaine en lanières
1 cuil. à soupe de miel
sel et poivre noir du moulin

1 Faites chauffer le bouillon de légumes sur feu moyen. Chauffez l'huile sur feu doux dans une grande casserole, ajoutez les échalotes et laissez-les revenir pendant 1 à 2 minutes. Versez dessus le bouillon chaud, ajoutez les petits pois et laissez frémir pendant 5 minutes.

2 Incorporez le tahini ou la crème dans la casserole, puis la menthe et la laitue. Retirez du feu, ajoutez le miel. Salez et poivrez selon le goût et servez sans attendre.

légumes d'hiver rôtis au thym

2 carottes de taille moyenne
1 panais de taille moyenne ou un navet long
1 navet ou un rutabaga de taille moyenne
1 fenouil de taille moyenne
4 gousses d'ail
1 cuil. à soupe d'huile d'arachide ou d'huile de pépins de raisin
1 branche de thym frais
1/2 cuil. à soupe de sirop de riz ou de miel
sel et poivre noir du moulin
100 ml de vin blanc sec

1 Préchauffez le four à 200 °C. Épluchez les légumes et coupez-les en morceaux de 5 x 2 cm environ. Laissez les gousses d'ail dans leur peau.

2 Chauffez l'huile dans une poêle allant au four sur feu moyen et faites revenir les légumes jusqu'à ce qu'ils soient légèrement dorés. Ajoutez la branche de thym et le sirop de riz. Mélangez bien, salez et poivrez, puis incorporez le vin.

3 Glissez la poêle dans le four chaud et laissez rôtir les légumes pendant 20 minutes, en les remuant de temps à autre pour qu'ils n'attachent pas.

4 Sortez la poêle du four ; prélevez les légumes à l'aide d'une écumoire et disposez-les sur le plat de service chaud. Garnissez de la branche de thym utilisée pour la cuisson et servez immédiatement.

SIMON

LES LÉGUMES-RACINES SONT YANG DE NATURE et ce caractère est accentué par la cuisson au four. Pour rendre ce plat encore plus yang, augmentez le temps de cuisson et salez-le davantage. Le sirop, le vin et le thym contrebalancent les effets du yang ; augmentez leurs proportions si vous souhaitez un plat plus équilibré.

STEVEN

LE FAIT DE RÔTIR LES LÉGUMES révèle leur douceur de goût et enrichit leurs saveurs habituelles. Le sirop de riz constitue une manière saine et naturelle de sucrer ce plat, mais rien ne vous empêche de préférer le miel.

salade de cresson au couscous, à la menthe et au yaourt, assaisonnée au jus de citron

POUR LE COUSCOUS

125 g de semoule de couscous
1/2 cuil. à café de sept-épices japonaises ou de cinq-épices chinoises
1/2 cuil. à café de noix muscade râpée
10 cl de bouillon de légumes (voir page 150)

POUR LA SALADE

1/2 yaourt égoutté
le jus d'1 citron vert
1 cuil. à soupe de shiso japonais ou de basilic finement ciselé
1 cuil. à s. de menthe ciselée
2 poignées de cresson lavé
1/2 piment jaune haché
1/4 de concombre émincé
sel et poivre blanc du moulin
50 g de pignons de pin grillés

1 Mettez le couscous dans un saladier avec le sept-épices et la noix muscade. Versez le bouillon dans une casserole et portez à ébullition, puis arrosez-en le couscous. Laissez reposer pendant 1 minute pour que le couscous absorbe tout le liquide et s'imprègne des arômes des épices. Aérez à la fourchette et laissez refroidir.

2 Mélangez dans un bol le yaourt et le jus de citron. Mélangez ensuite ensemble le shiso ou le basilic, la menthe, le piment haché, le concombre, le couscous et le yaourt. Ajoutez le cresson sans trop remuer pour ne pas le flétrir. Répartissez la salade sur les assiettes de service et parsemez de pignons de pin avant de servir.

SIMON

LE CONCOMBRE, LE CITRON ET LE CRESSON MÉLANGÉS À LA SEMOULE – l'une des céréales les plus yin – font de ce plat une préparation très yin. Le yaourt constitue également un des produits laitiers les plus yin. Le mode de préparation très simple renforce ce caractère. Ce plat est dominé par les énergies du métal, de l'eau et de l'arbre. Il est tout indiqué lorsque vous avez besoin de vous détendre et de vous calmer.

STEVEN

ESSAYEZ DE NE PAS NOYER CETTE SALADE DE SAUCE pour qu'elle reste légère et rafraîchissante. Le couscous absorbe merveilleusement les arômes de tous les liquides avec lesquels il est contact – dans cette recette, le bouillon épicé. Ajoutez le cresson au dernier moment pour qu'il ne se flétrisse pas.

ragoût de haricots rouges à l'orge et au vin rouge

200 g de haricots rouges de Soissons
100 g de grains d'orge complet
2 cuil. à soupe d'huile de tournesol
2 oignons pelés et émincés
4 gousses d'ail pelées et hachées
20 cl de bouillon de légumes (voir page 150)
20 cl de vin rouge
1 cuil. à soupe de farine
sel et poivre noir du moulin
6 oignons verts finement hachés
2 cuil. à soupe de coriandre ciselée

1 Mettez les haricots rouges et l'orge dans un saladier, couvrez d'eau froide et laissez tremper une nuit entière.

2 Préchauffez le four à 150 °C. Faites chauffer sur feu moyen 1 cuillerée à soupe d'huile dans une cocotte à fond épais. Ajoutez les oignons et l'ail et laissez revenir pendant 1 à 2 minutes en remuant bien. Égouttez l'orge et les haricots et versez-les dans la cocotte ainsi que le bouillon. Portez à ébullition, puis ajoutez le vin rouge et faites bouillir à nouveau. Réduisez alors le feu et laissez frémir pendant 10 minutes.

3 Pendant que les haricots cuisent, faites chauffer le reste d'huile sur feu doux dans une petite casserole. Ajoutez la farine en remuant bien pour obtenir une pâte épaisse. Incorporez celle-ci aux haricots en mélangeant soigneusement pour parfaitement bien la répartir. Salez et poivrez. Couvrez, puis glissez la cocotte dans le four chaud et laissez cuire pendant 45 minutes.

4 Sortez la cocotte du four et laissez reposer quelques minutes. Goûtez et rectifiez l'assaisonnement si nécessaire. Saupoudrez d'oignon vert haché et de coriandre et servez immédiatement.

SIMON

Les ragoûts sont en principe plus yang que tous les autres plats, à l'exception de ceux qui sont cuits au four. Dans cette recette, les ingrédients yang sont les oignons, les haricots, l'orge, la farine et le sel. Le piment, la coriandre et le vin, plus yin, équilibrent le plat ; diminuez leurs quantités pour obtenir une préparation plus yang. Les énergies de l'eau et du métal sont dominantes dans ce plat.

Les arômes de ce superbe plat sont sublimes – bouillon parfumé, aromates et vin rouge. Ce ragoût peut également constituer un excellent plat principal que vous pouvez enrichir de quelques saucisses. Dans ce cas, coupez-les en morceaux, passez-les à la poêle puis ajoutez-les aux haricots. Il est également possible de corser ce plat avec un piment rouge haché.

STEVEN

L'accord entre les saveurs du muscat et des baies m'a inspiré ce dessert rafraîchissant. Le basilic est un choix inhabituel pour un dessert – il stimule les papilles gustatives. Vous pouvez le remplacer par quelques feuilles de menthe comme dans l'illustration ci-dessous.

STEVEN

Les fruits apportent beaucoup d'énergie yin, surtout lorsqu'ils sont crus et accompagnés de vin et de jus d'agrumes. Le fait de glacer le plat accentue son caractère yin. Ce dessert est dominé par le Ch'i de l'eau. Il vous sera bénéfique si vous êtes tendu sur le plan émotionnel et vous aidera à trouver le calme et la paix.

SIMON

salade de fruits d'été au muscat et au basilic

POUR LA SAUCE

20 cl de muscat ou autre vin doux
200 g de fraises lavées et équeutées
200 g de framboises
les jus de 2 oranges et d'1/2 citron
1 bâton de cannelle (facultatif)

POUR LES FRUITS

1 petit melon mûr, débité en petites boules
125 g de fraises lavées et équeutées
125 g de cassis lavé
125 g de framboises
50 g de myrtilles lavées

POUR GARNIR

15 cl de muscat
8 feuilles de basilic frais, ciselées
1 cuil. à soupe de sucre glace (facultatif)
4 cuil. à soupe de crème de soja ou de crème fraîche épaisse

1 Pour la sauce : Mettez dans le bol d'un mixeur le muscat, les fraises, les framboises et les jus des agrumes ; réduisez ce mélange en une purée lisse. Filtrez dans une passoire au-dessus d'une casserole.

2 Ajoutez la cannelle (si vous en usez) et portez lentement la purée à ébullition. Plongez alors les autres fruits (boules de melon, fraises, cassis, framboises et myrtilles) dans la casserole et retirez-la immédiatement du feu. Versez le mélange dans un saladier. Quand il est froid, réservez au réfrigérateur 6 à 8 heures.

3 Mettez les coupes de service au réfrigérateur pour les glacer. Incorporez la plus grande partie des 150 ml de muscat dans le mélange aux fruits. Répartissez ce dernier dans les coupes, garnissez de feuilles de basilic, puis arrosez du muscat restant. Poudrez de sucre de glace (si vous en usez) et ajoutez une cuillerée à soupe de crème de soja ou de crème fraîche avant de servir.

poires pochées au safran, au sirop d'érable et aux châtaignes

POUR LES POIRES

les jus d'1 orange et d'1/2 citron
50 cl d'eau
50 cl de vin blanc sucré ou de muscat
2 gousses de vanille
2 anis étoilés
2 bâtons de cannelle
1/2 cuil. à café de filaments de safran
4 poires Williams (pas trop mûres), pelées

POUR GARNIR

250 ml de fromage blanc maigre
150 g de châtaignes au sirop, hachées
1 cuil. à soupe de sirop d'érable

1 Dans une grande casserole, mélangez tous les ingrédients destinés à la préparation des poires – sauf les poires elles-mêmes. Plongez alors doucement les fruits dans la casserole, réduisez le feu et laissez frémir pendant 30 minutes, en veillant à ce que les poires soient totalement couvertes ; si nécessaire, posez dessus une petite assiette afin de les maintenir. Retirez ensuite la casserole du feu et laissez son contenu refroidir complètement.

2 Mélangez doucement le fromage frais et les châtaignes, puis ajoutez le sirop d'érable. Réservez au réfrigérateur jusqu'au moment de servir.

3 Retirez les poires de la casserole. Vous pouvez les servir entières, mais il vous est possible d'en ôter les cœurs à l'aide d'un petit couteau aiguisé, puis de les couper soigneusement dans le sens vertical, sans toucher la queue. Vous obtiendrez ainsi un fruit entier composé de 6 à 7 tranches. Déposez chaque poire dans une coupe de service et faites glisser les tranches « en éventail ». Arrosez d'un peu du liquide de cuisson, puis garnissez de fromage blanc aux châtaignes.

STEVEN

LE SAFRAN, LA VANILLE ET L'ANIS ÉTOILÉ sont les ingrédients-clés de ce dessert à la fois délicat et stimulant auquel ils apportent le subtil bouquet de leurs arômes. Vous pouvez remplacer le fromage blanc par de la crème pour obtenir un plat plus riche.

LE FAIT DE CUIRE LES FRUITS les rend plus yang ; leur goût est concentré et ils deviennent plus sucrés. Pour obtenir un dessert encore plus yang, réduisez les quantités de vin et de miel ou supprimez ces derniers. Ce plat convient très bien à une journée froide : la douceur des fruits vous détendra et le caractère yang du dessert vous aidera à vous sentir alerte et plein d'énergie.

SIMON

soufflé aux fruits de la passion

25 g de beurre
25 g de sucre en poudre
150 ml de jus d'orange frais
2 cuil. à café de Maïzena délayée dans 1 cuil. à café d'eau
6 gros blancs d'œufs
1 cuil. à soupe de sucre roux
12 fruits de la passion bien mûrs, coupés en 2

1 Beurrez 4 ramequins de 9 cm de diamètre et saupoudrez-en l'intérieur de sucre en poudre. Placez-les ensuite au réfrigérateur pour glacer le beurre.

2 Préchauffez le four à 180 °C. Faites chauffer le jus d'orange à feu doux dans une casserole. Quand le liquide frémit, ajoutez la maïzena délayée. Laissez cuire à feu doux jusqu'à ce que la sauce s'épaississe et devienne crémeuse, puis retirez du feu. Si la sauce est trop épaisse, ajoutez un peu de jus d'orange. Dans le cas contraire, délayez un peu de maïzena et incorporez-la au contenu de la casserole.

3 Battez les blancs d'œufs en neige très ferme, puis ajoutez le sucre roux; battez encore pendant 30 secondes.

4 Ajoutez les graines et le jus des fruits de la passion à la sauce à l'orange. Laissez refroidir complètement avant d'y incorporer délicatement les blancs en neige. Répartissez équitablement le mélange obtenu dans les ramequins, puis enfournez à mi-hauteur pendant 10 minutes. Quand les soufflés sont bien dorés, sortez-les du four. Saupoudrez de sucre glace et servez immédiatement. Vous pouvez accompagner ce dessert de crème glacée.

STEVEN

VOICI UN SOUFFLÉ IMPOSSIBLE À RATER. En effet, lorsque vous répartissez les blancs dans les ramequins, ils sont déjà bien hauts et ne risquent pas de trop retomber.

LES FRUITS TROPICAUX COMME LES FRUITS DE LA PASSION sont plus yin que ceux qui poussent sous nos climats. Associés au sucre, ils font de ce dessert un plat très yin. Riche et sucré, il est à la fois délicieux et stimulant.

SIMON

STEVEN

Ces pancakes peuvent être excellents également en version salée : supprimez la cannelle et le sirop d'érable ; remplacez-les par du persil ciselé, du jus de citron et du fromage de chèvre fondu.

La farine de blé et l'œuf font de ce dessert un plat relativement yang. Le mode de cuisson est également yang et renforce l'énergie du feu. Servez ce plat avec davantage de sirop ou des fruits frais pour le rendre plus yin. Ces pancakes vous aideront à faire le plein d'énergie par temps froid.

SIMON

pancakes au sirop d'érable

150 g de farine tamisée
1 cuil. à café de levure chimique
1 œuf
20 cl de lait
1 cuil. à soupe d'huile d'amande ou de pépins de raisin
1 cuil. à café de cannelle en poudre
15 cl de sirop d'érable

1 Tamisez ensemble la farine et la levure dans un saladier. Dans un autre récipient, battez ensemble l'œuf et le lait jusqu'à ce que le mélange soit crémeux, puis incorporez la farine. Lissez cette pâte au batteur, à vitesse lente, puis filtrez-la dans une passoire au-dessus d'un saladier propre.

2 Faites chauffer l'huile dans une poêle à feu moyen. Quand elle est chaude, versez l'excédent d'huile dans une tasse, il vous servira pour les autres crêpes. Versez un quart de la pâte dans la poêle ; elle doit atteindre 1 cm d'épaisseur environ. Laissez cuire jusqu'à ce que de petits cratères apparaissent à la surface, puis retournez la crêpe et faites cuire à nouveau pendant la même durée que le premier côté.

3 Faites glisser la crêpe de la poêle et gardez-la au chaud en la plaçant dans le four à basse température sur un plat chaud.

4 Préparez 3 autres crêpes avec la pâte restante. Servez chaque crêpe entière ou coupez-la en 6 triangles que vous empilerez sur l'assiette de service ; saupoudrez de cannelle et arrosez de sirop d'érable.

glaçons à l'abricot

250 g d'abricots secs
50 cl d'eau
1 cuil. à soupe de jus de citron
4 brins de menthe
4 cuil. à soupe de crème fraîche (facultatif)

1 Mettez les abricots secs dans une casserole et ajoutez l'eau. Portez à ébullition sur feu moyen, puis laissez frémir 10 à 15 minutes, jusqu'à ce que les abricots soient bien tendres.

2 Versez le contenu de la casserole dans un robot ménager et mixez pour les réduire en purée. Ajoutez le jus de citron. Répartissez la purée d'abricot dans 4 bacs à glaçons. (J'utilise des bacs pourvus d'alvéoles rondes pour obtenir une apparence naturelle, mais rien ne vous empêche de choisir d'autres formes, comme des étoiles ou des cœurs, selon votre humeur.) Mettez au congélateur pendant au moins 3 heures.

3 Au moment de servir, trempez simplement vos bacs à glaçons dans l'eau chaude pendant 10 secondes, puis retournez-les. Répartissez vos glaçons dans quatre coupes transparentes, garnissez de brins de menthe et servez. Pour un dessert plus riche, ajoutez une cuillerée de crème fraîche dans chaque coupe, ou posez une jatte de crème sur la table pour que vos invités puissent se servir. Pour le plaisir des yeux, vous pouvez varier les couleurs en remplaçant pour moitié les abricots par des pruneaux.

STEVEN

À LA FOIS RAFRAÎCHISSANT ET STIMULANT, c'est le dessert idéal après un gros repas. Déclinez cette recette avec différents fruits secs, comme les pruneaux ou les raisins de Smyrne. Les glaçons se conservent dans leur bac pendant plus d'un mois au congélateur. Faites-en de grandes quantités si vous recevez fréquemment. Vous pouvez également préparer d'excellents sorbets à partir de fruits secs.

LES ABRICOTS ET LE JUS DE CITRON SONT DES INGRÉDIENTS RELATIVEMENT YIN, et le fait de les glacer renforce l'énergie yin de l'eau. Ce dessert très rafraîchissant vous aide à vous sentir plus léger après un bon repas. Son caractère très yin ne convient pas aux journées froides ou si vous vous sentez sans énergie. Vous pouvez également le servir en été comme un rafraîchissement, au milieu de l'après-midi ou lors d'une soirée. Il est à la fois léger et délicieux.

SIMON

pêches cuites aux noix du Brésil et aux dattes

POUR LES PÊCHES

50 g de noix du Brésil
100 g de dattes dénoyautées
1/2 cuil. à soupe d'huile d'amande ou de pépins de raisin
4 grosses pêches à chair blanche (pas trop mûres), pelées, coupées en 2 et dénoyautées
15 cl de vin blanc doux
2 cuil. à soupe de cognac
5 cuil. à soupe de jus d'orange frais

POUR LE GLAÇAGE AU CHAMPAGNE

4 jaunes d'œufs moyens
1 cuil. à soupe de miel
4 cuil. à soupe de champagne ou de vin blanc pétillant

1 Préchauffez le four à 200 °C. Faites griller les noix sur la plaque du four 10 minutes. Pendant ce temps, préparez le glaçage au champagne. Remplissez à demi une casserole d'eau, de façon à pouvoir poser un saladier dessus sans que son fond ne touche l'eau. Portez l'eau à ébullition, puis réduisez le feu pour obtenir un frémissement. Versez les jaunes d'œufs dans le saladier et délayez-les avec 1/2 cuillerée à soupe d'eau bouillante. Ajoutez le miel et mélangez au-dessus de l'eau frémissante jusqu'à ce que les jaunes deviennent blancs et mousseux et aient doublé de volume. Versez le champagne doucement, en fouettant. Réservez.

2 Sortez les noix du four et frottez-les dans un linge pour en ôter la peau. Passez ensemble les dattes et les noix au mixeur.

3 Faites chauffer l'huile sur feu vif dans une poêle allant au four et ajoutez les pêches en les posant sur leur côté coupé. Laissez cuire 1 minute, puis retournez les fruits. Ajoutez le vin, le cognac et le jus d'orange. Glissez la poêle au four et laissez cuire 10 minutes. Pendant ce temps, préchauffez le gril en position haute. Sortez la poêle du four et remplissez les emplacements des noyaux avec le mélange de dattes et de noix du Brésil. Versez sur les fruits le glaçage au champagne et faites-les dorer sous le gril.

BIEN QU'ELLES SOIENT MERVEILLEUSES TELLES QUELLES, j'aime servir ces pêches avec une cuillerée de crème épaisse. Les cuisiniers soucieux de la santé de leurs convives préféreront sans doute de la crème allégée ou du fromage frais. J'utilise un chalumeau de confiseur pour donner un parfait fini au glaçage, mais le gril donne de bons résultats.

STEVEN

BIEN QUE LES PÊCHES, LES DATTES, LE VIN ET LE COGNAC SOIENT TOUS YIN, le mode de cuisson renforce le Ch'i du feu et rend cette recette plutôt yang. La douceur des fruits favorise en outre l'énergie du sol. Ce dessert très agréable à consommer apporte une sensation de chaleur et de satisfaction. Servez-le les soirs d'hiver devant la cheminée.

SIMON

des menus réussis 3

Un repas réussi ne dépend pas uniquement de la qualité des plats ; vous devez aussi savoir créer l'ambiance favorable pour une occasion particulière. Ce chapitre vous apprendra comment établir un menu, préparer et accommoder les aliments, présenter vos plats et décorer votre table pour influencer favorablement l'humeur et le comportement de vos convives. Que vous prépariez un dîner d'amoureux, un déjeuner familial ou un repas de cérémonie, faites en sorte que les énergies inhérentes aux aliments et à l'ambiance vous soient favorables.

le Feng Shui et votre coin repas

NOUS VOUS MONTRERONS, dans ce chapitre, comment choisir le bon menu et créer l'atmosphère idéale pour neuf occasions particulières, du repas pour enfants au dîner d'amoureux.

L'ingrédient le plus important d'un repas est le Ch'i ; avant de choisir vos recettes et de faire la liste des ingrédients à acheter, il est donc nécessaire que vous réfléchissiez au type d'énergie que vous souhaitez promouvoir. Si vous préparez un dîner tranquille à la maison, par exemple, vous devrez faire en sorte que l'énergie yin véhiculée par les aliments et le décor soit prédominante. À l'inverse, pour un dîner de fête animé, il vous faudra créer une atmosphère plus yang. Vous devez également prendre en compte l'influence des Cinq Éléments (voir pages 16 à 19). Les pages qui suivent vous aideront à contrôler le Ch'i dans neuf situations différentes.

Toutefois, choisir le bon type de Ch'i n'est pas chose aisée. En premier lieu, vous devez bien réfléchir aux aliments que vous servirez, car l'énergie dont ils sont porteurs influencera les personnes qui les consommeront. Vous trouverez, dans ce chapitre, des recettes savoureuses qui ont, en outre, des effets spécifiques sur le Ch'i. En second lieu, vous pouvez ralentir ou accélérer le flux de Ch'i en fonction de la vaisselle, des couverts, des verres et du linge de table dont vous vous servez. La façon dont vous dressez votre table et dont vous décorez votre coin-repas influence, en effet, de manière subtile votre état d'esprit et celui de vos invités. Enfin, vous devez élaborer soigneusement votre plan de table, car la direction face à laquelle vous êtes installé pour manger a une grande influence sur la manière dont vous appréciez la nourriture, l'atmosphère et les gens qui vous entourent. Vous trouverez donc, dans ce chapitre, de multiples conseils pour dresser votre table de façon à favoriser un type de Ch'i, qui iront des simples trucs pour choisir la couleur des bougies à des considérations plus complexes, comme la forme de la table. Ne suivez pas ces recommandations à la lettre : ne retenez que celles qui vous conviennent et qui ne sont pas trop difficiles à mettre en œuvre. N'allez surtout pas jusqu'à changer de table à chaque fois que vous recevez !

LE DÉCOR, AINSI QUE LA PLACE DE CHAQUE PERSONNE, JOUENT UN RÔLE ESSENTIEL DANS LE SUCCÈS DE VOS REPAS.

DE L'INFLUENCE DES COULEURS

Les couleurs sont très importantes en termes de Feng Shui ; elles constituent un moyen efficace et peu onéreux de modifier une atmosphère. Vous pouvez les utiliser à différents niveaux. Certaines nuances vous permettront de vous sentir plus yin ou plu yang ; par exemple, le rouge et le orange sont plus yang, alors que le bleu pâle et le vert sont plus yin (voir pages 10 à 15). Les couleurs peuvent aussi être employées pour renforcer ou atténuer le Ch'i de l'élément dominant (voir pages 15 à 19), en modifiant l'atmosphère de la pièce ou par le contraste qu'elles offrent avec les teintes des aliments – des feuilles de salade vert vif sur une assiette jaune pâle, par exemple. Il va de soi qu'il est impossible de repeindre votre salle à manger à chaque fois que vous souhaitez en modifier l'ambiance, mais il vous est facile d'introduire la couleur sur la table grâce aux nappes, aux serviettes, aux fleurs et autres accessoires. Des salades

FACE AU NORD

FAVORISE le calme
et l'introspection
RISQUE attitude fermée

FACE AU NORD-OUEST

FAVORISE
la sagesse et la dignité
RISQUE attitude rigide
et trop sérieuse

FACE AU NORD-EST

FAVORISE l'humour
et la convivialité
RISQUE attitude superficielle
et indifférente

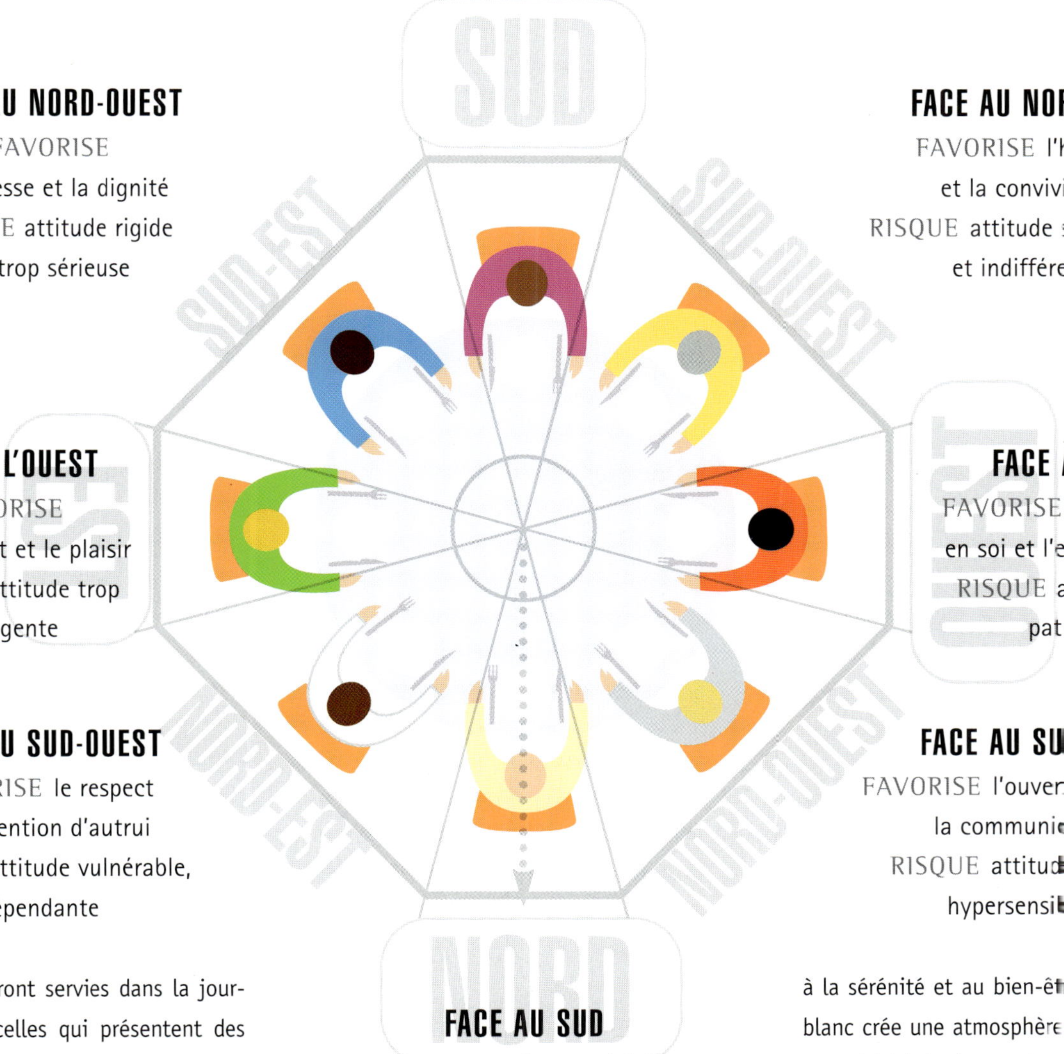

FACE À L'OUEST

FAVORISE
l'amusement et le plaisir
RISQUE attitude trop
indulgente

FACE À L'EST

FAVORISE la confiance
en soi et l'enthousiasme
RISQUE attitude peu
patiente

FACE AU SUD-OUEST

FAVORISE le respect
et l'attention d'autrui
RISQUE attitude vulnérable,
dépendante

FACE AU SUD-EST

FAVORISE l'ouverture d'esprit,
la communication
RISQUE attitude rêveuse,
hypersensibilité

FACE AU SUD

FAVORISE l'expressivité,
l'enthousiasme
RISQUE attitude
trop émotionnelle

aux tons vifs seront servies dans la journée, alors que celles qui présentent des couleurs plus neutres conviendront mieux au dîner. Différentes nuances d'une même couleur peuvent, en outre, être à l'origine de subtiles modifications du Ch'i. Ainsi, les tons pastel sont-ils toujours plus yin que les couleurs franches. Lorsqu'un ton est présent en grande quantité, son influence sera d'autant plus forte ; toutefois, les couleurs puissantes comme le rouge ou le noir auront un effet même si elles ne figurent que par petites touches, par exemple sur une serviette ou une assiette. Le ton crème est associé à la guérison, à la santé, à la sérénité et au bien-être, alors que le blanc crée une atmosphère qui favorise la compétitivité, la motivation. Les tons jaunes évoquent le confort, la chaleur et la satisfaction des sens ; ils sont propices aux conversations agréables. Le bleu possède des vertus lénifiantes et réduit le stress, mais il peut aussi avoir des effets stimulants. Le rouge est la couleur de la chance, du bonheur et de l'amour : pour favoriser l'expression des sentiments, faites entrer quelques touches de pourpre dans le décor. Le vert est associé au renouveau et crée une atmosphère fraîche et vivifiante qui incite pourtant à la détente.

créer un menu formel

CÉLÉBRER UN ANNIVERSAIRE, INVITER D'IMPORTANTS CLIENTS POUR LA PREMIÈRE FOIS, SONT DES OCCASIONS OÙ CHACUN FAIT PREUVE D'UN CERTAIN DÉCORUM. CE SONT DES REPAS OÙ LES METS ET LE CADRE SONT DOMINÉS PAR LES FORCES YANG, ASSOCIÉES AU CH'I DU MÉTAL.

UN REPAS UN PEU GUINDÉ organisé pour fêter un anniversaire important ou cultiver des relations nous amène à respecter une certaine étiquette, à soigner nos manières et notre habillement, à créer, en fait, une atmosphère très yang. Dans ces circonstances, les convives sont généralement dignes et policés.

LE MENU

Ce type de repas exige un menu soigneusement élaboré. La conversation portera sans doute sur des sujets généraux ou sur le travail et vous pouvez prévoir de longs intermèdes entre les plats. Il est possible que vous restiez à table pendant plusieurs heures, surtout si vous terminez par du café, des liqueurs et des discours. Des plats yang relativement riches conviennent bien à ce genre d'occasion, car les convives n'auront généralement prévu aucune activité après le repas. Le menu que nous vous proposons ici s'inspire de ce principe. Créé par Steven, le tempura de thon, particulièrement riche pour une entrée, s'inspire de la tradition culinaire japonaise. La pâte doit en être légère et croustillante pour flatter les papilles des convives sans leur couper l'appétit pour la suite du repas.

La forte présence du thon en fait un plat particulièrement yang, alors le mode de préparation lui apporte les énergies vivifiantes de l'arbre et du feu, génératrices de sociabilité.

À la fois classique et raffiné, le médaillon de sole se prête bien à ce type de repas. La sole et le saumon en font un plat yang, mais le style de cuisson, plus yin, introduit le Ch'i de l'arbre qui favorise la discussion et stimule l'esprit.

Un bon vin chargé d'histoire, comme un grand cru de bourgogne blanc, constituera la boisson idéale. Si les circonstances s'y prêtent, servez un vieux porto à la fin du repas.

LE DÉCOR

Les couleurs qui conviennent à ce type de repas sont le bordeaux, l'argent, l'or, le rouge, le blanc cassé et le gris clair. Une note chaude de bordeaux ou de rouge donne une ambiance yang qui renforce le côté cérémonieux de la réunion. L'argent apporte l'énergie du métal, favorisant l'expression du respect et de la dignité. Bien qu'il soit un rien ostentatoire, l'or introduit une note d'opulence.

Le métal et les objets argentés renforcent l'énergie du métal dans la pièce. Les anciens cadres de photographie en argent remplissent très bien ce rôle, tout comme les miroirs ronds ou carrés à cadre métallique. Notez que les formes irrégulières et les lignes ondulées affaiblissent le Ch'i du métal.

L'énergie du métal sera renforcée par la présence d'une pendule à balancier, comportant, si possible, beaucoup d'éléments en métal et assez bruyante. Le son et le mouvement du balancier rythmeront agréablement le repas.

S'il s'agit d'un dîner, envisagez un éclairage aux chandelles pour animer un peu l'atmosphère. Si vous vous en tenez à l'électricité, suspendez vos ampoules haut dans la pièce pour que la lumière soit renvoyée par les murs et le plafond, sans tomber directement sur la table. Il existe à cet égard des ampoules pourvues d'un réflecteur intégré qui donnent une douce lumière d'ambiance.

LE PLAN DE TABLE

Les directions qui correspondent à l'atmosphère cérémonieuse du repas sont celles qui font face au nord-ouest, au sud, au sud-ouest et à l'ouest; elles renforcent, en effet, l'influence de ceux qui les occupent. Vous pouvez toutefois préférer placer vos invités en fonction de leur personnalité. Ainsi, une personne timide bénéficiera-t-elle d'une position faisant face au sud-est, au sud ou au sud-ouest, directions qui favorisent l'extraversion et l'expressivité. En revanche, un convive autoritaire et impétueux sera placé face au nord, qui exerce une influence calmante. Reportez-vous au schéma de la page 67 en ce qui concerne l'influence des Huit Directions. Parmi les positions dominantes figurent celles qui sont placées face à la porte ou à la partie la plus longue de la pièce; elles assurent, en effet, celui qui les occupe d'avoir un contrôle visuel des événements.

menu formel

TEMPURA
DE THON
SAUCE MIRIN

MÉDAILLONS
DE SOLE
À LA MOUSSELINE
DE SAUMON

RAVIOLIS
GOURMANDS
AU COULIS
DE MANGUE

pour 4 personnes

ACHEVEZ LE REPAS SUR UNE NOTE D'OPULENCE AVEC UNE ANCIENNE CAFETIÈRE EN ARGENT. VOUS RAPPELLEREZ AINSI À VOS INVITÉS LE CÔTÉ FORMEL DE LA RÉUNION.

dresser la table

UNE GRANDE TABLE TRADITIONNELLE en bois dur sera idéale pour cette occasion. Si vous n'en possédez pas, étendez une nappe sur votre table habituelle. La forme ovale convient le mieux, bien qu'une table rectangulaire vous permette de placer les personnes les plus importantes aux places d'honneur. Une table ronde peut faire l'affaire, mais si vous n'avez qu'une table carrée, décorez-la d'un étroit chemin de table pour donner une impression de longueur.

Drapez votre table d'une nappe bordeaux si vous souhaitez privilégier l'opulence du décor, ou simplement blanche si vous préférez rester classique. L'argenterie, les porte-serviette et les chandeliers renforceront l'énergie du nord-ouest qui rehausse l'aspect cérémonieux de l'événement. Prévoyez un centre de table composé de fleurs et de feuillage mêlés. Les fleurs blanches et rouges, notamment les roses et les œillets, constituent les meilleurs choix. Disposez-les dans un vase ou dans une coupe dorée ou argentée pour marquer le caractère exceptionnel du repas. Vous pouvez aussi choisir un vase en porcelaine décoré d'un motif traditionnel.

LES ANTIQUITÉS Pour renforcer le côté cérémonieux du repas, introduisez des objets anciens ou imposants dans votre salle à manger. Les meubles de bois sombre ou les solides fauteuils capitonnés d'étoffes bordeaux sont particulièrement utiles. Vous pouvez également suggérer passé et tradition avec une sculpture ou une gravure rappelant un événement historique, ou encore une ancienne photographie, tous objets évoquant la pérennité.

LES VERTUS DU SEL Essayez de placer une coupelle remplie de sel de mer sur le sol ou sur une étagère basse pour purifier et rafraîchir le Ch'i ambiant. Posez des céramiques au nord-est et au sud-ouest pour stabiliser le flux et le reflux de l'énergie du sol.

tempura de thon sauce mirin

POUR LA SAUCE AU MIRIN ET AU SHOYU

10 cl de shoyu
10 cl de mirin ou de vermouth
1 cuil. à soupe de graines de sésame grillées

POUR LA PÂTE

3 blancs d'œufs
le jus d'1 citron vert
150 g de Maïzena tamisée
sel et poivre noir du moulin

POUR LE TEMPURA DE THON

1 cuil. à soupe de cannelle
1 cuil. à soupe de piment de la Jamaïque
1 cuil. à soupe de graines de coriandre
1 cuil. à s. de gingembre en poudre
sel et poivre noir du moulin
4 pavés de thon de 3 x 3 x 10 cm environ
huile pour la friture
feuilles de mizana ou de roquette et de mini-bettes pour le décor

1 Faites chauffer dans une casserole le shoyu et le mirin ; laissez bouillir 5 minutes pour obtenir un sirop. Ajoutez les graines de sésame et laissez refroidir.

2 Battez les blancs d'œufs en neige molle et ajoutez le jus de citron. Incorporez la Maïzena et ajoutez un peu d'eau froide pour obtenir une pâte molle. Assaisonnez.

3 Mélangez toutes les épices du thon dans un plat. Posez les pavés de thon dans le plat en pressant bien pour faire adhérer les épices de tous côtés. Couvrez d'un film alimentaire et réservez.

4 Faites chauffer l'huile à 175 °C dans une friteuse. Plongez les morceaux de thon dans la pâte et faites-les frire pendant 10 minutes, deux par deux, afin que la température de l'huile ne baisse pas.

5 Égouttez vos pavés de thon et coupez-les en biais (voir l'illustration ci-dessous). Dressez sur les assiettes de service, décorez de verdure et versez un peu de sauce autour du poisson.

l'avis de Steven

UN REPAS FORMEL doit être suffisamment créatif pour révéler vos talents et votre enthousiasme, sans donner l'impression que vous en faites trop. J'ai choisi ce tempura, le soufflé qui suit et les raviolis au coulis de mangue parce qu'ils sont servis en parcelles bien nettes, joliment décorées, qui conviennent pour un repas un peu collet monté. Préparez le parfait un jour à l'avance

médaillons de sole à la mousseline de saumon

150 g de filet de saumon, sans la peau
sel et poivre noir du moulin
1 blanc d'œuf
15 cl de crème fraîche épaisse
1 cuil. à soupe de raifort râpé
1 cuil. à soupe de ciboulette ciselée
2 soles de 300 g chacune, en filets, sans la peau

POUR LES CROISILLONS DE LÉGUMES

1 courgette
1 grosse carotte épluchée
1 noix de beurre
20 cl de bisque de homard (voir p. 151)

1 Beurrez et placez au réfrigérateur 4 emporte-pièces ronds de 8 cm de diamètre et 4 cm de hauteur. Passez le saumon au mixeur, ajoutez le sel et le poivre, le blanc d'œuf, la crème fraîche, le raifort et la ciboulette ; mixez. Couvrez et réfrigérez.

2 Assaisonnez bien les filets de sole, et tapissez l'intérieur de chaque emporte-pièce avec 2 filets de sole (ajoutez des feuilles de poireau légèrement blanchies pour améliorer la couleur et la texture). Posez chaque emporte-pièce sur du papier sulfurisé et remplissez le centre avec la mousse au saumon.

3 Préchauffez le four à 100 °C. Faites cuire les médaillons de poisson dans un cuit-vapeur pendant 7 minutes. La chair de la sole doit être opaque et céder sous le doigt.

4 Pendant que le poisson cuit, coupez la courgette et la carotte en bandes de 14 cm de long sur 1/2 cm d'épaisseur. Faites-les blanchir dans l'eau bouillante 2 minutes, puis passez-les immédiatement sous l'eau froide.

5 Sortez les médaillons du cuit-vapeur à l'aide d'une spatule. Ôtez le papier sulfurisé et retirez délicatement les emporte-pièces. Posez les soufflés sur des assiettes chaudes. Réservez dans le four.

6 Disposez côte à côte les rubans de courgette, en laissant un interstice entre deux bandes. Passez les rubans de carotte perpendiculairement aux bandes de courgette, de façon à les entrecroiser. Utilisez ensuite l'un des emporte-pièces pour découper des cercles de croisillons. Badigeonnez-les de beurre fondu, salez et poivrez, puis enfournez-les 5 minutes afin de les réchauffer.

7 Faites réchauffer la bisque de homard dans une casserole. Coiffez chaque médaillon d'un croisillon de légumes ; versez la bisque autour, puis servez.

raviolis gourmands au coulis de mangue

POUR LE PARFAIT À LA PISTACHE

6 jaunes d'œufs
15 cl d'eau
250 g de sucre en poudre
25 g de pistaches hachées
2 cuil. à café de pâte de pistache
25 cl de crème fraîche

POUR LA PÂTE AU CHOCOLAT

50 g de farine complète
25 g de cacao
2 jaunes d'œufs

POUR LA GARNITURE

1 ananas mûr, épluché
10 cl de rhum
2 gousses de vanille
100 g de sucre roux
1 blanc d'œuf
25 cl de sirop pour pocher
(voir p. 152)

POUR LE COULIS DE MANGUE

1 mangue
1 jus de citron
1/2 cuil. à soupe d'eau

1 Pour le parfait : fouettez les jaunes d'œufs pour obtenir un mélange mousseux. Faites chauffer l'eau et le sucre dans une casserole et laissez bouillir pendant 3 minutes. Versez doucement le mélange bouillant sur les jaunes d'œufs et mélangez jusqu'à ce qu'ils soient refroidis. Ajoutez les pistaches et la pâte ; remuez encore pendant quelques minutes.

2 Fouettez la crème fraîche jusqu'à ce que le fouet fasse des traces lorsque vous le soulevez. Incorporez-la aux jaunes d'œufs et répartissez le mélange dans 4 ramequins de 10 cm de diamètre. Réservez au congélateur pendant 24 heures.

3 Passez tous les ingrédients de la pâte au chocolat au mixeur avec 1 ou 2 gouttes d'eau. Couvrez et laissez reposer pendant 1 heure.

4 Coupez 4 tranches de 5 mm d'épaisseur environ dans l'ananas. Réservez-les. Coupez en dés le reste du fruit et faites-le cuire pendant 20 minutes dans une casserole avec le rhum, la vanille et le sucre, jusqu'à obtenir de la compote. Faites ensuite caraméliser les 4 tranches d'ananas sous un gril très chaud. Laissez-les refroidir.

5 Étalez la pâte au chocolat sur une épaisseur de 4 mm sur le plan de travail fariné. Prélevez 8 cercles de pâte (4 de 10 cm de diamètre, 4 de 16 cm de diamètre). Déposez une cuillerée à soupe de compote d'ananas sur chacun des petits cercles. Enduisez de blanc d'œuf le bord de chaque grand cercle, couvrez-en les petits et appuyez fermement tout autour afin de bien sceller le tout.

6 Faites chauffer le sirop sur feu moyen jusqu'à ce qu'il frémisse. Plongez-y les raviolis (2 à la fois) et faites-les cuire pendant 1 minute. Égouttez-les, puis mettez-les à refroidir au réfrigérateur.

7 Pour le coulis : pelez et dénoyautez la mangue. Coupez sa chair en dés passez-la au mixeur avec le jus de citron et l'eau. Réservez au réfrigérateur.

Démoulez chaque parfait à la pistache sur une tranche d'ananas. Coiffez-le d'un ravioli au chocolat et versez coulis de mangue tout autour. Si vous le souhaitez, vous pouvez agrémenter ce dessert avec des décorations en sucre ou une tuile.

un air de romance

FAITES D'UN DÎNER À DEUX UNE SOIRÉE SUPERBEMENT ROMANTIQUE EN SOIGNANT LA NOURRITURE ET LE DÉCOR. CRÉEZ UNE ATMOSPHÈRE CONFORTABLE ET DÉTENDUE, PROPICE À L'INTIMITÉ.
POUR CELA, RENFORCEZ L'INFLUENCE DU SOL, ASSOCIÉ AU CONFORT ET À LA SÉCURITÉ, ET CELLE DU MÉTAL QUI CORRESPOND AU PLAISIR.

QUOI DE PLUS AGRÉABLE que de se sentir en harmonie avec quelqu'un et de confondre son Ch'i avec celui de l'être aimé ? Le désir sexuel, mais aussi l'empathie et la compréhension mutuelle, contribuent à faire d'un dîner romantique un moment d'exception.

Le décor joue un grand rôle dans la réussite d'une telle soirée, mais aussi la nourriture, soigneusement choisie et amoureusement préparée. Les sensations de plaisir partagé confèrent à ce type de repas une puissante charge émotionnelle et le Ch'i ambiant est intense.

LE MENU

L'une des manières les plus efficaces de se sentir proche d'une autre personne est de partager un repas avec elle. Le ragoût à l'asiatique préparé par Steven est idéal pour cela ; les aliments sont cuits longuement ensemble et il est possible de manger à deux dans le même plat. Il convient mieux à ce type de repas qu'une recette où les aliments sont préparés séparément car les Ch'i des différents ingrédients ne sont pas aussi intimement mêlés. Le fait de vous aider mutuellement à manger vous rapprochera inexorablement l'un de l'autre.

Il est important de ne pas prévoir de plats trop lourds pour ne pas vous laisser gagner par le sommeil. Un repas riche et salé serait trop yang et vous inciterait à considérer les choses sous un angle plus pratique que romantique. Cependant, des aliments trop yin vous détendraient totalement et vous manqueriez de motivation au jeu de la séduction.

Les coquillages et les autres fruits de mer, notamment les huîtres, possèdent un Ch'i associé au sexe et peuvent être efficaces pour favoriser la montée du désir, si c'est ce que vous souhaitez.

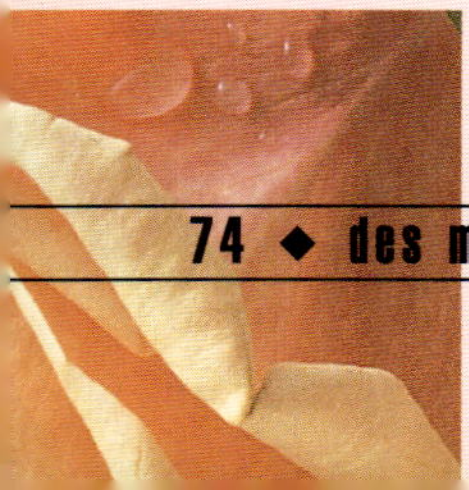

Un dessert sucré comme une crème glacée vous donnera un petit coup de fouet à la fin du repas. Associé au chocolat, il agira comme un véritable aphrodisiaque tout en atténuant les effets yang des fruits de mer présents dans l'entrée et le plat principal. De même, des boissons stimulantes vous aideront à détendre l'atmosphère. Servez un cocktail avant le repas, puis accompagnez ce dernier d'un vin rouge léger et fruité. Ne servez pas ces boissons trop fraîches ou glacées car elles renforcent l'énergie yin et risqueraient de refroidir votre ardeur. Un café à la fin du repas agira comme un stimulant et vous permettra de rester tous deux alertes. Préférez un café noir à un café au lait.

Les goûts associés au sol et au métal favorisent l'expression des sentiments, augmentent les sensations de bien-être et de plaisir. On les trouve dans le miel, le sirop de riz et le gingembre.

LE DÉCOR

Les couleurs associées à l'amour sont le crème, le rose et le rouge. Selon les préceptes du Feng Shui, le crème correspond au désir sexuel ; il incite à la sensualité et constitue une teinte appropriée pour la nappe, par exemple. Le rouge apporte une note de passion dans le décor ; utilisez-le par petites touches, dans les serviettes, les bougies, les fleurs, ou autres détails. Le rose est associé au plaisir et les accessoires de cette couleur vous aideront à goûter sans réserve le bonheur que vous apportera la soirée.

Les roses rouges ou roses diffusent un Ch'i idéal pour un dîner romantique. Posez, au centre de votre table, un long vase où vous aurez placé deux de ces fleurs pour symboliser l'intimité qui existe entre vous.

Des rideaux dans les tons rose et crème apporteront une note d'opulence propice à la détente et à la confiance. Employez la soie et le brocard sans modération.

Comme vous l'avez fait pour les roses, essayez de disposer les éléments du décor par paires. Placez deux bougies sur la table, deux statuettes identiques ou représentant un couple, deux gravures se faisant pendant, etc. Évitez les objets solitaires.

LE PLAN DE TABLE

La meilleure position ce situe face à l'ouest, qui est celle du couchant. Elle vous place sous la domination du Ch'i associé au soir et aux plaisirs de la vie. Vous pouvez également vous asseoir face au nord pour bénéficier du Ch'i correspondant à la nuit et à la sexualité, afin de vous sentir plus proche de votre partenaire. Si vous êtes installé face au sud, le Ch'i lié à la passion, à l'expressivité et aux émotions vous donnera une belle fougue amoureuse (voir pages 98 à 103 en ce qui concerne la passion).

Choisissez parmi ces directions celles qui vous conviennent le mieux à tous les deux. Par exemple, si vous êtes timide et avez du mal à vous exprimer, asseyez-vous face au sud. Si vous avez du mal à vous départir de votre sérieux, vous parviendrez mieux à goûter les plaisirs de ce repas en vous installant face à l'ouest. Enfin, choisissez le nord (face au sud) si vous avez tendance à vouloir tout contrôler et à étouffer votre partenaire. Si votre pièce est agencée de telle manière que vous ne puissiez opter pour telle ou telle direction, choisissez les plus favorables pour chacun d'entre vous parmi celles qui sont possibles. Les positions situées face au sud-est et au sud-ouest sont également propices à la romance.

Et n'hésitez pas à changer de place au cours de la soirée. Le fait de s'asseoir l'un en face de l'autre pendant que vous mangez vous permettra d'être plus attentifs et facilitera les contacts visuels. Deux sièges placés à angle droit vous rendront plus proches l'un de l'autre et favoriseront les caresses. Enfin, asseyez-vous côte à côte – pourquoi pas au dessert ? – pour l'intimité.

menu
romantique

TEMPURA DE CREVETTES ROYALES
SAUCE SHOYU

RAGOÛT À LA JAPONAISE
ET NOUILLES DE RIZ

GLACE AU THÉ VERT
SAUCE CHOCOLAT

pour 2

dresser la table

BIEN QUE LE DÉCOR DE LA SALLE À MANGER puisse rester simple, vous devez dresser la table avec suffisamment de fantaisie pour stimuler les sens de votre invité(e) et l'inciter à se détendre. Utilisez des couverts métalliques pour accélérer le flux d'énergie. Leur surface réfléchissante disperse le Ch'i et l'empêche de s'affaiblir et de stagner. Placez sur la table des ronds de serviette et des chandeliers en métal, de préférence l'or ou l'argent ; le premier introduit une note d'opulence, le second est plus classique. Si vous préférez les baguettes pour déguster le ragoût à l'asiatique, choisissez des modèles peints en rose, en rouge ou en pourpre. La nappe, les serviettes et la vaisselle ralentiront le Ch'i et détendront l'atmosphère. Privilégiez les tons crème, roses, vert clair et bleu pastel.

PAR COUPLES Des gravures représentant des couples ou des sujets romantiques renforcent la sensation d'intimité.

L'ÉCLAIRAGE N'utilisez pas d'éclairage direct ou d'ampoules éblouissantes, mais des lampes indirectes qui réfléchiront la lumière sur les murs et le plafond. C'est plus flatteur pour le visage et vous créerez une atmosphère plus intime.

tempura de crevettes sauce shoyu

6 crevettes royales (3 pour chacun)
1 cuil. à café de cinq-épices
1 cuil. à café de gingembre en poudre
1 cuil. à café de fleur de sel
1 cuil. à café de poivre noir concassé

POUR LA PÂTE À TEMPURA

2 blancs d'œufs
1 jus de citron
1 pincée de sel
100 g de Maïzena
huile pour la friture

POUR LA SAUCE

10 cl de shoyu
1 cuil. à soupe de miel
1 cuil. à s. de graines de sésame grillées
1,5 cuil. à s. de vin de riz ou de xérès
1 piment rouge épépiné et haché

POUR LA GARNITURE

quelques feuilles de roquette assaisonnées d'huile d'olive, de jus de citron et de sel

1 Si les crevettes sont crues, faites-les blanchir 2 minutes dans une eau frémissante additionnée d'un peu d'huile d'olive et salée, ou dans un fumet de poisson. Rafraîchissez-les sous l'eau froide. Essuyez-les dans du papier absorbant.

2 Ôtez la carapace des crevettes en préservant la queue. Mélangez le cinq-épices, le gingembre, le sel et le poivre dans un plat. Passez les crevettes dans ce mélange en pressant du bout des doigts pour qu'elles soient bien enrobées.

3 Battez au fouet les blancs d'œufs et le jus de citron pour obtenir une neige ferme. Incorporez la Maïzena en fouettant jusqu'à ce que la pâte épaississe. Ajoutez un peu d'eau ou de farine pour obtenir la consistance souhaitée.

4 Faites chauffer le shoyu et le miel ; ajoutez les graines de sésame et le vin et laissez cuire jusqu'à ce que la sauce épaississe. Incorporez le piment, versez dans un bol et réfrigérez.

5 Faites chauffer l'huile à 165 °C dans une friteuse. Trempez les crevettes dans la pâte en les tenant par la queue, puis plongez-les dans l'huile. Laissez-les cuire 1 minute exactement avant de les égoutter. Servez chaud avec la sauce à part.

LES CHAISES Choisissez de confortables chaises capitonnées de tissu crème ou rose. Vous pouvez aussi garnir les sièges de coussins dans ces tons.

ragoût à la japonaise
et nouilles de riz

1 cuil. à soupe d'huile de pépin de raisin
4 oignons verts coupés en deux
8 champignons shiitake émincés
1 litre de bouillon de légumes (voir page 150)
2 piments rouges et 2 piments verts jalapeños, en pickle (voir page 149)
1 petit mooli finement râpé et mariné (voir page 149)
1 cuil. à soupe de sirop de riz ou de miel
2 cuil. à soupe de sauce hoisin
1 cuil. à soupe de shoyu (sauce de soja japonaise)
50 g de nouilles de riz
12 huîtres décoquillées et égouttées dont vous aurez réservé le jus
1 bouquet de coriandre fraîche
quelques tranches de concombre très fines, coupées en quatre
le jus d'1 citron vert
sel et poivre noir du moulin

1 Faites chauffer l'huile dans une grande casserole sur feu moyen. Ajoutez les oignons et faites-les revenir 5 minutes, sans les laisser blondir. Incorporez les champignons et laissez chauffer encore 1 à 2 minutes.

2 Ajoutez le bouillon de légumes, les piments verts et rouges, le mooli, la sauce hoisin, le sirop de riz et le shoyu. Laissez frémir pendant 5 minutes, puis goûtez. Si le bouillon vous semble trop amer, trop salé ou aigre, ajoutez un peu de sauce hoisin et de sirop de riz. S'il est trop sucré, ajoutez un peu de shoyu.

3 Ajoutez les nouilles et le jus des huîtres ; laissez cuire pendant encore 5 minutes.

4 Incorporer les huîtres, la coriandre et le concombre. Laissez frémir 5 minutes, puis ajoutez le jus de citron. Rectifiez l'assaisonnement et servez dans une jolie jatte posée au milieu de la table.

l'avis de Steven

Ce plat parle de partage d'amour et de plaisir. L'idéal serait que vous le cuisiniez, le mangiez et même que vous fassiez la vaisselle avec l'élu(e) de votre cœur ! Les plats communs, comme ce ragoût à la japonaise, ou comme la fondue vous aident à vous sentir proches l'un de l'autre et permettent d'établir un climat d'intimité en vous régalant ensemble.
Si vous êtes végétarien, vous pouvez remplacer les crevettes de l'entrée par des carottes, du chou-

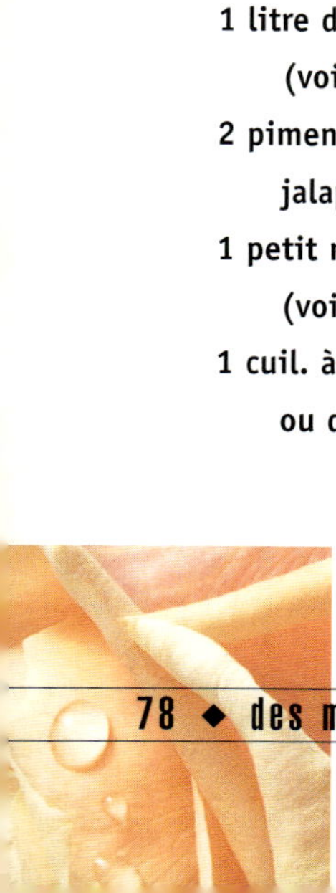

UTILISEZ DES VERRES EN CRISTAL POUR LEUR ÉCLAT. LEUR SURFACE ÉTINCELANTE ACCÉLÉRERA LÉGÈREMENT LE FLUX DE CH'I AMBIANT.

fleur, du panais ou des champignons. En ce qui concerne le plat principal, les huîtres ont la réputation d'être aphrodisiaques, mais vous pouvez utiliser d'autres fruits de mer comme le homard, les écrevisses, le crabe ou les moules, à moins que vous ne préfériez des morceaux de poisson légèrement pochés, par exemple du cabillaud ou du colin. Si vous choisissez la viande, utilisez du poulet cuit ou du bœuf cru en lamelles que vous ajouterez en fin de cuisson dans le ragoût.

glace au thé vert
sauce chocolat

1 cuil. à soupe de feuilles de thé vert, fraîches
25 cl de crème fraîche épaisse
6 jaunes d'œufs
150 g de sucre en poudre
25 cl de crème de soja

POUR LA SAUCE AU CHOCOLAT

50 g de chocolat noir ou de chocolat amer
15 cl de crème de soja, de lait ou de crème fraîche

1 Mettez la crème fraîche et les feuilles de thé dans une casserole de taille moyenne, et portez à ébullition sur feu vif. Pendant ce temps, fouettez dans un saladier les jaunes d'œufs et le sucre jusqu'à ce qu'ils blanchissent. Incorporez la crème chaude et fouettez vigoureusement.

2 Ajoutez la crème de soja et fouettez à nouveau. Versez le mélange dans une sorbetière et faites glacer. Vous pouvez également le verser dans un bol glacé et le placer au congélateur pendant 1 heure ; mélangez et remettez au congélateur pour 1 heure supplémentaire ; mélangez à nouveau et remettez à glacer au moins 1 heure ou jusqu'au moment de servir.

3 Juste avant de servir, faites fondre le chocolat dans un saladier posé sur une casserole d'eau bouillante. Incorporez la crème de soja. Répartissez la glace dans des coupes et arrosez de sauce au chocolat.

LE SECRET DE LA RELAXATION CONSISTE À RENFORCER VOTRE ÉNERGIE YIN POUR ATTÉNUER LE STRESS ET ALLÉGER LES PRESSIONS DE LA VIE QUOTIDIENNE. ENTOUREZ-VOUS DE L'ÉNERGIE APAISANTE DE L'EAU – ÉLÉMENT ASSOCIÉ AU CALME ET À LA CONTEMPLATION –, DE FORMES DOUCES, ET PRIVILÉGIEZ LA COULEUR CRÈME.

un menu pour se détendre

POUR NOTRE SANTÉ ET NOTRE BONHEUR, il est essentiel de bien prendre le temps d'évacuer les stress quotidiens. Bien que nous nous reposions en dormant, une nuit de sommeil ne suffit pas toujours, et nous avons besoin d'autres moments pour nous détendre. Le stretching, la méditation et les promenades dans la nature peuvent nous y aider. En outre, la nourriture que nous absorbons et la manière dont se déroulent nos repas ont une influence sur notre capacité à nous détendre; un repas tranquille peut rééquilibrer notre organisme.

LE MENU

Lorsque vous êtes stressé, votre estomac sécrète davantage d'acides. Une partie d'entre eux passe dans le sang, mais le reste stagne dans l'estomac et l'intestin et peut être cause de problèmes digestifs. Vous devez donc réduire l'acidité de votre alimentation. Il vous faut également diminuer votre apport en sel car une trop grande quantité de sodium empêche votre organisme de surmonter le stress en affectant le cœur et les artères. Ce condiment très yang vous amène, en outre, à ressentir plus intensément les effets du stress.

De manière générale, les plats à la texture crémeuse et à la saveur douce vous incitent à vous détendre. Ces aliments sont chargés de l'énergie du sol, qui induit une sensation de confort et de sécurité. Les aliments yin légèrement cuits, comme les légumes blanchis, peuvent aussi vous aider à surmonter le stress.

Le menu de Steven débute par une soupe aussi légère que savoureuse. Les légumes contribuent à en faire un plat yin. Utilisez un bouillon de légumes à la place du vin blanc si vous voulez qu'il soit moins acide. Les soupes sont généralement associées à l'élément eau, qui permet de réduire les tensions.

Les légumes braisés qui viennent ensuite se caractérisent par les saveurs naturellement douces des panais, des carottes et des oignons qui en font un merveilleux plat yin, délicatement sucré. Là encore, remplacez le vin par du bouillon de légumes pour réduire l'acidité. Le couscous constitue une garniture idéale : sa graine légère, très yin, prédispose au calme.

La mousse aux framboises est un savoureux dessert yin. Le yaourt apporte sa texture crémeuse tandis que le miel et les raisins secs sont naturellement sucrés. Ce plat est dominé par l'élément sol, associé au bien-être et à la sécurité.

Une boisson chaude vous aidera à vous détendre. Évitez les boissons stimulantes comme le café ou les liquides trop sucrés. Essayez le jus de pomme chaud ou mélangé à de l'eau chaude, ou encore une tisane comme la camomille. Le thé japonais Bancha Twig clôturera à merveille ce type de repas, car il est légèrement alcalin, ce qui permet de réduire l'acidité.

Essayez de vous détendre en mangeant. Les tensions augmentent l'acidité de l'estomac qui provoque douleurs et troubles digestifs. Tenez-vous bien droit pour ne pas comprimer vos viscères. Essayez d'observer une pause entre le plat de résistance et le dessert car certains ingrédients de ce dernier se digèrent plus rapidement que ceux du plat principal, au risque de provoquer ballonnements et flatulences. Mâchez longuement vos aliments afin qu'ils soient bien imprégnés de salive. Ils seront moins acides et plus faciles à digérer.

LE DÉCOR

Pour bien vous détendre, vous devez trouver des moyens de rendre votre Ch'i personnel plus yin. L'énergie yin apaisera le côté actif, impatient, de votre personnalité, laissant place à la contemplation. Un repas yin associé à un décor yin vous aidera à vous relaxer et à trouver une forme de paix.

Utilisez des couleurs yin, et notamment le crème, le bleu pâle, le vert clair et le rose. Plus les nuances sont claires, plus elles sont yin.

Vous devez également ralentir de flux d'énergie en évitant les endroits où le Ch'i se déplace rapidement en ligne droite. C'est le cas dans les couloirs, à proximité des angles en saillie et dans les maisons où l'on trouve plusieurs portes en enfilade. Le meilleur moyen de rendre votre coin-repas agréable et reposant est d'utiliser des plantes judicieusement placées devant les angles et le long des couloirs pour ralentir le Ch'i tout en apportant leur propre énergie naturelle.

Les étoffes ont également la propriété de calmer le Ch'i ; n'hésitez pas à ajouter des rideaux, des tapis, une moquette et des coussins au décor.

Les lumières douces et indirectes sont efficaces pour rendre une pièce paisible. Les lampes posées sur des surfaces basses sont préférables car l'éclairage est moins aveuglant. Utilisez un abat-jour ou dirigez la lampe vers un mur pour éviter l'éclat direct de l'ampoule. Les lampes à incandescence donnent une lumière légèrement orangée qui vous aidera à donner une atmosphère paisible à votre pièce.

Les miroirs doivent, si possible, être évités car ils rendent l'ambiance plus yang. Si vous avez un grand miroir, surtout s'il est placé près de la table, reléguez-le dans une autre pièce pour la durée du repas ou drapez-le d'une étoffe de teinte pastel.

Des fleurs de couleurs pâles vous aideront à vous détendre, à condition qu'elles possèdent des formes douces, comme le muguet ou les iris. Mettez-les dans un vase de forme ronde, en verre ou en céramique.

Les plantes aux feuilles arrondies apportent l'énergie yin dans une pièce et rendent l'atmosphère plus paisible, plus tranquille. Les variétés les plus vigoureuses notamment reposent à la fois le regard et l'esprit. Les ficus et les caoutchoucs en sont de bons exemples. Lorsqu'elles sont suffisamment nombreuses, les plantes ont également la propriété d'assainir l'air et d'étouffer le bruit dans une pièce.

Aux murs, des tableaux comme des paysages aux couleurs délicates peuvent vous aider à vous détendre. Beaucoup de personnes estiment que les sujets comportant de l'eau, comme un lac, un torrent ou une rivière, reposent l'œil et l'esprit. En fait, tous les tableaux dans les tons sourds représentant des formes douces peuvent vous calmer. Pour les sculptures, choisissez des objets aux formes arrondies associés à l'élément eau.

menu détente

SOUPE À LA CRÈME
DE CÉLERI PARFUMÉE
AUX ÉPICES

LÉGUMES
BRAISÉS
SAUCE
MORNAY

MOUSSE
AUX FRAMBOISES
ET AUX RAISINS SECS

pour 4 personnes

Une statuette représentant le corps humain est parfaitement indiquée, à condition, bien sûr, qu'elle représente un personnage au repos. Vous pouvez également choisir la figurine d'un animal assoupi.

La musique a, elle aussi, le pouvoir de transformer vos humeurs et influence grandement votre Ch'i personnel. Les ondes musicales interfèrent avec vos champs d'énergie qu'elles peuvent stimuler ou calmer selon leur nature, modifiant radicalement votre humeur et votre état émotionnel dans certains cas. Toutes les musiques possédant une véritable ligne mélodique et dépourvues de rythmes trop répétitifs sont yin et vous permettront de vous détendre. La musique classique remplit généralement bien cette fonction, bien que certains morceaux présentent de brusques accélérations de tempo qui risquent de vous énerver.

Le son de l'eau coulant sur la pierre ou celui d'une cascade est particulièrement apaisant en termes de Feng Shui. Il couvre, en effet, toutes les tessitures possibles et permet en cela de masquer les bruits ambiants, emplissant totalement l'esprit de ceux qui l'écoutent.

Il est, bien sûr, également tout à fait possible que vous associiez un bruit particulier à certains moments paisibles de votre existence. Une chanson entendue lors de vos dernières vacances peut, par exemple, vous rappeler des longues et agréables journées passées étendu au soleil ou la découverte de paysages sereins. Le fait de vous repasser cette mélodie ravivera vos souvenirs et pourra également vous aider à retrouver le calme et la tranquillité.

LE PLAN DE TABLE

Si vous souhaitez vous détendre, essayez de vous asseoir face à une direction associée au coucher du soleil ou à la nuit. Ce sont le nord, le nord-ouest, l'ouest et le sud-ouest. Parmi celles-ci, le nord possède le Ch'i le plus apaisant.

dresser la table

DANS L'IDÉAL, une forme non conventionnelle est préférable pour renforcer l'énergie de l'eau. Par exemple, une table en forme de haricot ou aux contours sinueux est tout indiquée. Sinon, une table ronde ou ovale, ou encore une table aux angles arrondis sera suffisamment yin. Si vous n'avez qu'une table aux angles nets, masquez-les sous une nappe épaisse.

Utilisez des chaises basses et confortables. Les chaises capitonnées ralentissent le flux de Ch'i et favorisent la détente. Si vous n'en possédez pas, posez des coussins sur les sièges et drapez les dossiers d'une étoffe – des serviettes de table de couleur pâle, des housses à coussin ou des taies d'oreiller feront l'affaire.

L'ÉCLAIRAGE Les lampes à abat-jour, les appliques murales et les lumières filtrées par un verre opaque ou une étoffe de couleur fourniront une lumière douce et propice à la détente.

Une nappe ralentira également le flux de Ch'i. Choisissez une couleur pâle et yin, comme le crème, le bleu pastel ou le vert clair.

Préférez une vaisselle peinte de couleurs yin avec des formes et des motifs incurvés qui correspondent à l'élément eau. Pour les accessoires, choisissez le bois. Des baguettes, cuillers, porte-serviettes et bougeoirs en bois renforceront l'énergie yin favorable à une ambiance calme et détendue.

Tirez les rideaux et disposez des tapis sur le sol. Les motifs flous, comme des lignes ondulées, des mouchetures ou des formes irrégulières ont des propriétés apaisantes.

LES CRISTAUX Ils dispersent le Ch'i dans la pièce, permettant à l'énergie de se répandre dans les angles les plus obscurs. Accrochez un cristal devant la fenêtre pour faire pénétrer les rayons du soleil dans une pièce sombre.

L'EAU Elle crée une atmosphère propice à la détente, notamment lorsqu'elle ruisselle, car son bruit masque les sons ambiants. Dans un aquarium, la vue de l'eau et le spectacle des poissons incitent également au calme.

l'avis de Steven

LORSQUE J'AI BESOIN DE ME DÉTENDRE, je rêve d'une bonne soupe chaude suivie d'un plat de légumes ou de poisson. Je mangeais souvent ce genre de repas lorsque j'ai commencé à travailler dans un restaurant. Je rentrais à la maison vers minuit, épuisé ; ma mère me laissait toujours de la soupe, du pain et une part de cheesecake. Je m'asseyais devant la télévision avec les pieds surélevés et un verre de vin à la main.

soupe à la crème de céleri parfumée aux épices

1 céleri-rave épluché et coupé en dés de 2 cm
1 gros oignon pelé et émincé
2 gousses d'ail pelées et hachées
50 cl de crème fraîche épaisse
25 cl de bouillon de légumes (voir page 150)
sel et poivre blanc du moulin
cannelle et noix muscade fraîchement râpées

1 Mettez le céleri, l'oignon, l'ail et la crème dans une grande casserole et portez à ébullition sur feu vif en remuant continuellement. Ajoutez le bouillon et laissez frémir jusqu'à ce que le céleri soit tendre (environ 15 à 20 minutes).

2 Passez ce mélange au mixeur, puis filtrez-le à travers une passoire fine au-dessus de la casserole. Assaisonnez selon votre goût.

3 Pour servir, saupoudrez de cannelle et de noix muscade. Ajoutez, au besoin, 2 cuillerées à soupe de lait dans chaque bol et fouettez vigoureusement pour obtenir un mélange mousseux.

légumes braisés sauce mornay

2 panais moyens, épluchés et coupés en bâtonnets de 8 cm
3 carottes moyennes, épluchées et coupées en bâtonnets de 8 cm
2 oignons moyens, pelés et émincés
2 poireaux, coupés en morceaux de 8 cm
1 cuil. à soupe de sirop de riz ou de miel
1 litre de bouillon de légumes (voir p. 150) ou 25 cl de vin blanc et 75 cl d'eau
1 branche de thym
2 gousses d'ail pelées et hachées
250 g de champignons des bois, hachés
1 cuil. à soupe d'huile de pépin de raisin ou d'huile d'olive
1 cuil. à café d'estragon ciselé
sel et poivre noir du moulin
250 g de jeunes épinards
30 cl de crème fraîche épaisse
150 g de parmesan fraîchement râpé
2 grosses pommes de terre pelées et émincées finement

1 Préchauffez le four à 150 °C. Mettez les panais, les carottes, les oignons et les poireaux dans un plat allant au four. Ajoutez le sirop de riz, le bouillon, le thym et l'ail. Assaisonnez, couvrez de papier d'aluminium et enfournez pour 45 minutes. Passez ensuite les légumes au mixeur pour obtenir une purée lisse.

2 Faites revenir les champignons dans un peu d'huile sur feu moyen pendant 1 ou 2 minutes, puis ajoutez l'estragon et assaisonnez. Incorporez les épinards crus et mélangez. Disposez le mélange sur le pourtour d'un plat allant au four et versez dessus la purée de légumes.

3 Portez la crème à ébullition dans une casserole, sur feu moyen, en remuant continuellement. Ajoutez ensuite 100 g de parmesan râpé. Mélangez, assaisonnez. Portez la température du four à 200 °C.

4 Versez la sauce sur les légumes dans le plat de cuisson, puis disposez dessus les rondelles de pomme de terre. Assaisonnez bien et enfournez pour environ 15 minutes. Sortez le plat du four, parsemez du reste de parmesan et remettez au four. Faites dorer 5 à 10 minutes. Servez avec une salade verte.

mousse aux framboises et aux raisins secs

2 cuil. à soupe de raisins secs
2 cuil. à soupe de cointreau
2 cuil. à soupe de miel liquide
400 g de framboises
30 cl de yaourt nature
4 brins de menthe fraîche

1 Faites tremper les raisins dans le cointreau pendant 30 minutes. Ajoutez le miel et mélangez. Ajoutez ensuite les framboises et remuez délicatement pour ne pas les abîmer.

2 Versez la préparation dans une jatte et mélangez au yaourt. Réservez au réfrigérateur jusqu'au moment de servir.

3 Répartissez le mélange dans des coupes glacées. Décorez chaque mousse d'un brin de menthe et servez immédiatement.

APPORTEZ UN PARFUM DE CRÉATIVITÉ À VOTRE INTÉRIEUR EN ORIENTANT LE FLUX DE CH'I DANS UNE DIRECTION DIFFÉRENTE. VOUS VERREZ ALORS LE MONDE SOUS UN NOUVEL ANGLE. ASSEYEZ-VOUS ET LAISSEZ PARLER VOTRE IMAGINATION.

un menu pour stimuler votre créativité

LE FAIT DE VOUS ENTOURER d'un Ch'i chargé de créativité vous aide à formuler des idées originales. Vous confronter au travail des autres peut, en outre, vous permettre de développer vos penchants créatifs. Certains aliments vous permettront d'avoir des conversations intéressantes et d'émettre de nouvelles idées. Des plats originaux vous aideront à considérer différents sujets sous un jour nouveau et de trouver des réponses inédites à certaines questions. Une modification de l'atmosphère de votre salle à manger et la consommation d'aliments auxquels vous n'êtes pas habitué transformeront votre Ch'i personnel, de telle sorte que votre mode de pensée deviendra plus créatif.

Bien qu'il soit parfois difficile de mettre cette théorie en pratique, les pensées les plus dynamiques sont souvent émises lorsqu'il y a juxtaposition des extrêmes yin et yang. Chacun des Cinq Éléments peut être créatif à sa manière ; l'eau vous aidera à développer vos dons artistiques, l'arbre vous rendra plus productif, le feu vous permettra de mieux vous exprimer, le sol améliorera votre adresse et le métal vous apportera une toute nouvelle élégance intellectuelle. Leur présence dans votre environnement créera une atmosphère vivifiante, propice à la créativité.

LE MENU

Vous vous sentirez plus créatif si vos aliments sont très variés. Les sushi constituent en cela un mets de choix car ils permettent de mélanger nombre d'ingrédients intéressants. Ils peuvent être rafraîchissants ou stimulants selon des recettes. Le wasabi (moutarde japonaise) utilisé dans les sushi ou dans la sauce d'accompagnement est particulièrement stimulant pour l'esprit. Le nori (algue) dans lequel sont enveloppés les sushi est extrêmement riche en minéraux et apporte des nutriments essentiels au cerveau. Les sushi sont généralement légers et permettent de se rassasier sans s'alourdir ; une digestion difficile risquerait, en effet, d'annihiler vos élans créatifs. Côté boissons, un cocktail de jus de fruits frais modifiera rapidement votre Ch'i personnel. Parmi les boissons stimulantes, citons également le jus de citron au gingembre, le thé à la menthe et, bien sûr, le café.

LE DÉCOR

Pour obtenir une atmosphère propice au bouillonnement des idées, créez un espace ouvert aux couleurs vives et aux lignes nettes où le Ch'i pourra circuler facilement. Les teintes comme le rouge, le

jaune, le pourpre, le bleu et le vert sont les plus appropriées. Utilisez une couleur de fond comme le blanc ou le crème sur laquelle trancheront les tons plus vifs. Le rouge est une couleur yang très dynamique qui vous permettra de renforcer votre énergie. Le pourpre est associé à la passion et apportera une note émotionnelle à toutes vos actions. Le jaune stimulera votre esprit. Un bleu clair soutenu élargira votre vision des choses et vous aidera à formuler de grandes idées. Un vert pur vous rendra plus actif et confiant dans ce que vous faites.

Plus l'espace est ouvert, plus vous serez créatif. Si vous avez un patio ou un jardin, n'hésitez pas à dresser la table dehors quand le temps le permet, ou installez-la en face d'une fenêtre qui offre une large vue.

LE PLAN DE TABLE

La meilleure position où vous installer se situe face à l'est, direction du soleil levant. Cela vous expose à l'énergie associée au début de la journée et au printemps, qui vous aidera à formuler de nouvelles idées et à développer des projets inédits. La position située face au sud-est est également favorable car elle stimule votre imagination, vous permet de mettre en valeur vos dons artistiques et de trouver des solutions à vos problèmes. Le Ch'i du sud peut vous aider à découvrir de puissants moyens d'expression. Enfin, la position située face au nord vous exposera au Ch'i associé à l'indépendance et à l'originalité.

Toutes ces directions sont favorables à l'émergence de nouvelles idées. Si vous démarrez un nouveau projet, par exemple, choisissez de vous asseoir face à l'est pour renforcer votre motivation. À l'inverse, installez-vous face au sud-est si vous vous sentez à court d'idées neuves.

Le sud vous permettra quant à lui de mettre en œuvre vos projets. Enfin, le nord est idéal si vous souhaitez entrer en vous-même afin d'y rechercher des concepts originaux.

menu créatif

SUSHI DE THON MARINÉ

SUSHI ET MOULES MARINÉES AUX GRAINES DE SÉSAME

TAMARILLO ET GLACE À LA NOIX DE COCO

pour 4 personnes

LES LUMIÈRES VIVES ACCÉLÈRENT LE FLUX DE CH'I, SURTOUT LORSQU'ELLES SONT DIRIGÉES VERS LE HAUT ET DANS LES ANGLES, AGRANDISSANT AINSI L'ESPACE D'UNE PIÈCE. LA LUMIÈRE DES LAMPES À HALLOGÈNE EST IDÉALE MAIS BEAUCOUP D'AMPOULES ORDINAIRES PRODUISENT LE MÊME EFFET. LE VERRE COLORÉ ET LES ÉTOFFES AUX TEINTES VIVES PEUVENT ÉGALEMENT RENDRE UNE PIÈCE PLUS STIMULANTE.

dresser la table

UNE GRANDE TABLE RONDE DRESSÉE DANS UNE VASTE PIÈCE sera parfaite, l'espace étant propice à l'expansion des idées. Si vous avez une table ovale, carré ou rectangulaire, disposez les assiettes à intervalles inégaux. Un plateau de table brillant, par exemple en verre ou en bois poli, produira une énergie propice aux pensées créatives. De grands verres, ainsi que des plats et assiettes de bonne taille vous encourageront à élargir votre pensée. Espacez largement les couverts – une table trop encombrée aurait un effet négatif. L'argenterie accélérera le flux de Ch'i, créant un environnement stimulant pour l'esprit. Toutes les formes originales peuvent vous inspirer des idées novatrices.

UNE VAISSELLE ORIGINALE

Utilisez une vaisselle vivement colorée. Les motifs en volute renforcent l'énergie de l'eau, favorisant la réflexion. Des assiettes carrées et un décor novateur doperont votre imagination.

LES PLANTES ET LES FLEURS

Choisissez des plantes aux feuilles dressées plutôt que des variétés touffues ou retombantes. Vous créerez ainsi une atmosphère plus vivifiante. Les palmiers, les fougères et les yuccas constituent de bons choix.

LES BOUGIES Une flamme nue renforce l'énergie du feu, qui favorise la pensée rapide et l'émergence d'idées neuves. Essayez de disposer des bougies dans la partie de votre pièce située au sud ; cette direction étant elle-même associée au feu, elles auront d'autant plus d'impact.

LES OBJETS D'ART Choisissez des peintures et sculptures non conventionnelles qui font travailler votre imagination. Si vous pensez que tout est possible, vous développerez plus facilement une pensée novatrice.

sushi de thon mariné

POUR LE THON MARINÉ

2 cuil. à soupe d'huile de sésame
1 cuil. à café de gingembre râpé
1 cuil. à soupe de shoyu
le jus de 2 citrons verts
100 g de thon coupé en bâtonnets de 4 x 0,5 x 0,5 cm

POUR LES SUSHI

5 cuil. à soupe de riz gluant (thaï ou japonais)
2 cuil. à café de sel
1 cuil. à soupe de vinaigre de riz ou de cidre
1 cuil. à soupe de sucre cristallisé
1 cuil. à soupe de wasabi
10 feuilles de nori
10 cl de shoyu (sauce de soja japonaise)
wasabi (moutarde japonaise) pour servir

1 Mélangez ensemble les ingrédients de la marinade et versez-les sur le thon. Couvrez et réservez 1 à 2 heures au réfrigérateur.

2 Mettez le riz dans une casserole et couvrez-le d'eau froide. Portez à ébullition, salez et laissez frémir jusqu'à ce que le riz ait absorbé toute l'eau (environ 20 minutes). Retirez du feu et laissez à couvert pendant 10 minutes.

3 Dans une autre casserole, portez à ébullition le vinaigre de riz et le sucre pour dissoudre ce dernier. Retirez du feu. Versez le riz cuit dans un saladier non métallique. Incorporez doucement le vinaigre. Ajoutez le wasabi et mélangez bien.

4 Posez la moitié d'une feuille de nori sur un set de bambou ou un morceau de papier sulfurisé et enduisez-la de shoyu au pinceau. Couvrez les deux tiers de la feuille avec du riz, en laissant une bande nue sur un côté. Disposez le thon sur une ligne au milieu du riz. Roulez doucement le sushi en commençant par le côté garni de riz. Pressez le bord de la feuille pour bien fermer. Recommencez avec les autres feuilles de nori. Coupez chacun des rouleaux obtenus en 4 ou 5 morceaux. Dressez sur les assiettes de service ; accompagnez de shoyu et de wasabi.

sushi et moules marinées
aux graines de sésame

POUR LES MOULES
1/2 cuil. à soupe d'huile d'olive
2 échalotes pelées et finement hachées
2 gousses d'ail pelées
et finement hachées
12 moules grattées et ébarbées
10 cl de vinaigre de vin blanc
20 cl de vin blanc
1 cuil. à soupe d'aneth ciselé
1 cuil. à soupe de câpres hachées
poivre noir

POUR LES SUSHI
5 cuil. à soupe de riz gluant
(thaï ou japonais)
2 cuil. à café de sel
1 cuil. à soupe de vinaigre de riz
ou de cidre
1 cuil. à soupe de sucre cristallisé
1 cuil. à café de wasabi
10 feuilles de nori
2 cuil. à soupe de graines
de sésame grillées
10 cl de shoyu (sauce de soja)
wasabi (moutarde japonaise)

1 Chauffez l'huile dans une casserole sur feu doux. Faites revenir les échalotes et l'ail pendant 5 minutes, sans les laissez dorer.

2 Augmentez le feu, puis ajoutez les moules, le vinaigre et le vin. Couvrez et remuez vigoureusement la casserole pour aider les moules à s'ouvrir. Laissez cuire encore 3 à 5 minutes jusqu'à ce que tous les coquillages soient ouverts. Retirez du feu et laissez refroidir.

3 Ôtez les moules de leurs coquilles. Remettez leur chair dans le jus de cuisson, ajoutez l'aneth et les câpres, puis poivrez. Cette préparation peut être gardée une semaine au réfrigérateur dans une boîte fermée – elle devient plus parfumée après 1 à 2 jours.

4 Faites cuire le riz selon les instructions de la page 89 et préparez les rouleaux de sushi de la même manière, sans le thon mariné.

5 Posez une moule sur chaque sushi et arrosez de sauce aux échalotes. Saupoudrez de graines de sésame rôties et servez immédiatement avec du shoyu et du wasabi.

l'avis de Steven

DE TEMPS EN TEMPS, je joue les Picasso avec les aliments. Je décore les assiettes d'huiles colorées et j'essaie de créer un plat original. On reconnaît un bon cuisinier au fait qu'il possède une véritable créativité. Essayez vous aussi d'expérimenter différentes garnitures pour les sushi, avec des fruits de mer, du saumon fumé ou des champignons parfumés.

tamarillo et glace à la noix de coco

POUR LA GLACE À LA NOIX DE COCO

25 cl de lait de coco
1/2 gousse de vanille
1 tige de citronnelle fendue dans le sens de la longueur
3 jaunes d'œufs
50 g de sucre en poudre
6 cuil. à soupe de noix de coco déshydratée

POUR LES TAMARILLOS

2 grosses tamarillos
120 g de sucre de canne brun
5 cl de vin blanc doux
10 cl de jus d'orange
sucre glace pour servir (facultatif)

1 Mettez dans une casserole le lait de coco, la vanille et la citronnelle. Portez à ébullition sur feu vif.

2 Fouettez ensemble dans un saladier les jaunes d'œufs et le sucre pour obtenir un mélange crémeux. Ajoutez 3 cuillerées à soupe de noix de coco, puis versez dessus le lait de coco bouillant. Retirez la vanille et la citronnelle. Fouettez continuellement pour obtenir une crème mousseuse.

3 Rincez la casserole et versez la crème dedans. Faites chauffer cette dernière sur feu doux en remuant continuellement 20 minutes env. Quand la crème nappe la cuiller, retirez du feu et laissez refroidir. Filtrez pour éliminer tout grumeau.

4 Versez la crème dans une sorbetière, si vous en avez une. Sinon, versez-la dans un saladier en verre préalablement glacé que vous mettrez au congélateur. Remuez la glace toutes les 30 à 45 minutes pendant les 2 à 3 premières heures.

5 Quand la glace a pris, garnissez-en 4 moules coniques. Remettez au congélateur pendant 30 minutes, puis sortez les glaces des moules et faites-les rouler dans le reste de la noix de coco pour bien la faire adhérer. Remettez les glaces au congélateur jusqu'au moment de servir.

6 Préchauffez le four à 170 °C. Coupez chaque tamarillo en deux en préservant la queue. Placez les fruits dans un plat profond, côté coupé sur le dessus. Parsemez de sucre, puis arrosez de vin et jus d'orange, en répartissant bien les liquides. Enfournez pour 15 à 20 minutes, jusqu'à ce que la chair des fruits soit tendre et juteuse.

7 Disposez les tamarillos sur des assiettes chaudes, parsemez de sucre glace si vous le souhaitez et servez immédiatement les fruits accompagnés de glace à la noix de coco.

favoriser l'harmonie familiale

PARTAGER UN REPAS EN FAMILLE CONSTITUE UN BON MOYEN DE RESSERRER LES LIENS ENTRE SES MEMBRES. FAITES EN SORTE QUE L'ÉNERGIE CIRCULE DE MANIÈRE POSITIVE EN TENANT COMPTE DES BESOINS DE CHACUN. UNE ATMOSPHÈRE YIN EST TOUT INDIQUÉE. L'ÉNERGIE REVITALISANTE DE L'ARBRE ET CELLE DU SOL, PLUS SÉCURISANTE, SERONT RENFORCÉES.

CULTIVER L'HARMONIE FAMILIALE, c'est trouver les moyens de tirer le plus de plaisir possible de la compagnie des autres. C'est aussi vivre ensemble des expériences positives qui créent des souvenirs communs et des liens forts. Chaque membre d'une famille a sa personnalité et ses besoins propres; le Feng Shui en tient compte. Ainsi, le décor comme le menu sont conçus en fonction de la place tenue par chacun dans le groupe.

LE MENU

Pour entretenir des contacts réguliers entre les membres d'une même famille, les repas doivent être servis à heures régulières et chacun doit retrouver sa place autour de la table. Les mets qui favorisent l'harmonie familiale sont ceux qui peuvent être partagés. Le cabillaud braisé de Steven en est un bon exemple.

Essayez de choisir des recettes qui ne soient ni trop yin, ni trop yang et qui ne soient pas trop épicées. Les aliments yin très sucrés déséquilibrent le taux d'insuline dans le sang et augmentent le risque de débordements émotionnels. Les aliments très yang sont riches en graisses saturées; ils peuvent provoquer irritabilité et sautes d'humeur.

Les aliments cuits au four sont chargés de l'énergie du métal qui favorise la fusion des énergies et permet de créer une unité dans le groupe. Le cabillaud braisé est à la fois léger, sain et pauvre en graisses. L'orge est riche en hydrates de carbone complexes; c'est là un plat que tout le monde peut manger.

La tourte aux cerises est également un plat convivial. Ses ingrédients et son mode de cuisson en font un mets dominé par l'énergie du sol. Pour renforcer l'harmonie familiale, évitez d'utiliser du sucre glace ou du sucre en poudre pour la pâte.

Côté boissons, le thé fraîchement passé est idéal pour un repas familial ; il apporte chaleur et réconfort sans être trop excitant. Choisissez du Earl Grey, ou optez pour la camomille si vous préférez une boisson plus douce. Le thé japonais Bancha Twig favorise la digestion et vous aidera à vous détendre ; il convient également aux enfants. Mélangez-le à du jus de pomme glacé pour obtenir une boisson rafraîchissante.

LE DÉCOR

L'endroit où vous vivez et celui où vous prenez vos repas ont un fort impact sur vos relations familiales. Les tensions, les disputes et les colères ont beaucoup plus de chances de survenir dans une pièce en désordre, aux couleurs criardes ou encore qui contient trop de surfaces lisses comme les miroirs. Ces derniers accélèrent le flux de Ch'i et rendent la détente difficile. Les meubles et les sols en bois apportent, en revanche, l'énergie de l'arbre, excellente pour une vie familiale heureuse.

Les couleurs les plus apaisantes sont le jaune pâle, le crème, le vert clair et le rose. Le jaune convient bien à une salle à manger. Il existe de nombreuses nuances de jaune ; choisissez un ton pâle très yin pour créer une atmosphère relaxante ou préférez un jaune vibrant pour obtenir une ambiance plus yang. Le crème est une couleur de fond agréable et le vert apporte une note de fraîcheur à une pièce. Utilisez-le par petites touches pâles pour qu'il ne devienne pas trop stimulant. Le rose est associé au plaisir et à la satisfaction des sens. Introduisez-le par petites quantités pour animer votre décor.

menu familial

CABILLAUD BRAISÉ
À L'ORANGE
ET À LA
VANILLE

TOURTE AUX CERISES
ET À LA NOIX DE COCO

pour 4 personnes

UNE MAISON ENSOLEILLÉE CONTRIBUE À L'HARMONIE DE LA VIE FAMILIALE. LE SOLEIL RÉGÉNÈRE LE CH'I, CHASSE L'HUMIDITÉ ET LES ÉNERGIES STAGNANTES ET VOUS MET DE BONNE HUMEUR. LES RAYONS PROVENANT DU SUD-OUEST, DE L'OUEST ET DU NORD-OUEST SONT LES PLUS BÉNÉFIQUES ; CE SONT CEUX DE LA FIN DE LA JOURNÉE. LA LUMIÈRE DU MATIN, CELLE DU SUD-EST, PRODUIT UN CH'I PLUS ACTIF QUI VOUS INCITE À FAIRE DES CHOSES ENSEMBLE.

Symboles de croissance et de vitalité, les plantes apportent une énergie positive pour la vie familiale. Les variétés aux grandes feuilles rondes ou retombantes, comme le caoutchouc, créeront une ambiance réellement yin. Les feuilles raides et pointues créent une atmosphère très yang et sont à réserver aux espaces ouverts.

LE PLAN DE TABLE

Asseyez-vous face au sud-ouest, direction d'où provient la lumière de l'après-midi, pour bénéficier du Ch'i associé à la convivialité. L'ouest, où se couche le soleil, vous aidera à vous sentir heureux et à apprécier la compagnie des autres. La position face au nord-ouest vous permettra de bien gérer les éventuels conflits autour de la table. Un siège face au nord vous fera bénéficier du Ch'i correspondant à la nuit et à l'hiver, excellent pour rester calme et mesuré. Installez-vous face au sud-est, direction associée à la communication, pour mener une conversation animée et harmonieuse.

Choisissez la position qui convient le mieux pour chaque membre de votre famille. Si l'un de ses membres à tendance à s'emporter facilement, une place face au nord aura tendance à le calmer. À l'inverse, une personne trop sérieuse devrait s'asseoir face à l'ouest pour se détendre un peu. La position face au nord-est est idéale pour réaffirmer votre autorité parentale, alors que celle située face au sud-ouest vous aidera à vous rapprocher des autres. Le sud-est conviendra mieux si vous manquez d'entrain.

l'avis de Steven

LORSQUE JE PRÉPARE UN REPAS pour ma famille, je choisis des plats relativement faciles à réaliser et des aliments qui remplissent la maison d'une merveilleuse odeur. Les plats au four correspondent bien à ces impératifs. J'ai choisi un poisson à chair blanche accompagné de riz épicé pour ce déjeuner familial. Cuisinez un poisson entier si vous voulez resserrer les liens familiaux – reportez-vous pour cela à ma recette de saumon page 137. La tourte faite maison est un vrai délice et apporte l'indispensable note gourmande de la fin. Ces deux recettes sont prévues pour quatre personnes ; augmentez les proportions si vous avez une grande famille. C'est un menu parfait pour créer une atmosphère conviviale et chaleureuse.

LES PHOTOS L'unité familiale peut être renforcée par la présence de photographies représentant d'heureuses scènes familiales.

L'OSIER ET LA PAILLE Les brins entrelacés de la paille ou de l'osier symbolisent l'union de la famille et incitent ses membres à se rapprocher pour former une équipe.

dresser la table

LA PIÈCE DANS LAQUELLE VOTRE FAMILLE PREND SES REPAS doit être à la fois simple, relaxante, et favoriser la convivialité. Une table ronde ou ovale permet à chacun de voir tous les autres convives et facilite la conversation. Un plateau en bois ou recouvert d'une nappe de couleur pâle créera une atmosphère relativement yin. Évitez les plateaux en verre, en métal ou en marbre, plus yang, qui peuvent favoriser les querelles.

Essayez de ne pas surcharger la table et espacez les couverts. Des surfaces vides sur le plateau permettent de partager un repas sans souffrir de la promiscuité.

Les accessoires en bois ralentissent le Ch'i et détendent l'atmosphère, tout comme le linge de table, notamment s'il est en lin. Choisissez des tons crème, jaune pâle, bleu ciel, vert clair ou rose pour la vaisselle et les serviettes. Il vous sera plus facile d'apprécier la compagnie des autres sans tension. Achetez des assiettes en bois si vous voulez créer une ambiance plus yin.

Décorez la table de fleurs sans prétention, comme les marguerites, les jonquilles, les œillets ou les tournesols. Là encore, privilégiez les tons crème, jaune et rose.

DÉCOR MAISON

Renforcez l'intimité familiale en décorant la salle à manger d'objets faits maison, comme des rideaux, des coussins, ou autres accessoires, dans des couleurs qui renforcent l'harmonie familiale.
Si vous avez des enfants, n'hésitez pas à utiliser certaines de leurs œuvres.

cabillaud braisé à l'orge et à la vanille

200 g d'orge complète
1 grosse carotte pelée et émincée
1 gros poireau émincé
1 petit oignon pelé et émincé
4 gousses d'ail pelées et hachées
sel et poivre noir du moulin
800 g de cabillaud
(ou autre poisson à chair blanche)
sans peau ni arêtes,
coupé en 4 morceaux
2 citrons non traités,
coupés en tranches fines
1 branche de thym
1 feuille de laurier
2 anis étoilés
1 gousse de vanille fendue en 2
1 litre 1/2 de fumet de poisson
(voir page 150)
10 cl de vin blanc
le jus d'1 citron
20 cl de crème fraîche
2 cuil. à soupe de cerfeuil ciselé

1 Préchauffez le four à 150 °C. Faites blanchir l'orge pendant 15 minutes sur feu moyen, dans une casserole d'eau bouillante. Égouttez, puis rafraîchissez immédiatement l'orge sous l'eau froide. Égouttez encore, séchez, puis réservez.

2 Étalez au fond d'un plat creux allant au four la carotte, le poireau et l'oignon émincés, ainsi que l'ail. Assaisonnez bien et parsemez d'orge. Déposez le poisson sur ce lit, salez et poivrez. Couvrez de rondelles de citron et ajoutez le thym, la feuille de laurier, l'anis étoilé et la vanille. Couvrez de fumet de poisson chaud. Placez une feuille de papier d'aluminium percée de quelques trous sur le plat, puis enfournez pour 30 à 40 minutes. Pour vérifier si le poisson est prêt, plongez un couteau aiguisé dans sa chair. Si la lame pénètre facilement, il est cuit.

3 En retenant le poisson, l'orge et les légumes du plat à l'aide d'une écumoire, récupérez le jus de cuisson. Filtrez-le dans une passoire fine au-dessus d'une casserole. Posez celle-ci sur feu vif ; ajoutez le vin blanc et le jus de citron, ainsi que la vanille du plat de cuisson. Laissez réduire pendant 5 minutes, puis ajoutez la crème fraîche. Remettez sur le feu pendant 5 autres minutes. Pendant ce temps, gardez le poisson au chaud en plaçant une feuille de papier d'aluminium sur le plat.

4 Goûtez la sauce, rectifiez l'assaisonnement, ajoutez le cerfeuil. Versez la sauce autour du poisson. Retirez le thym, le laurier, la vanille et l'anis étoilé. Servez dans le plat de cuisson, accompagné de purée de pommes de terre ou de riz épicé, ainsi que de légumes verts légèrement blanchis.

tourte aux cerises et à la noix de coco

POUR LA PÂTE

225 g de farine
1 pincée de sel
150 g de noix de coco déshydratée
125 g de beurre
1 œuf battu

POUR LA GARNITURE

40 cl de vin rouge
1 cuil. à café de cannelle en poudre
400 g de cerises dénoyautées
1 cuil. à soupe bombée de Maïzena
1 jus de citron
100 g de noix de coco déshydratée
1 blanc d'œuf battu pour le glaçage
sucre glace (facultatif)

1 Tamisez la farine et le sel au-dessus d'un saladier. Ajoutez la noix de coco et le beurre et malaxez du bout des doigts (ou au mixeur). Ajoutez progressivement l'œuf battu et continuez à malaxer jusqu'à ce que la pâte soit assez ferme pour former une boule (ajoutez un peu d'eau si elle est trop sèche). Enveloppez de film alimentaire et réfrigérez pendant 1 heure.

2 Préchauffez le four à 220 °C. Réservez un tiers de la pâte et abaissez le reste au rouleau jusqu'à ce qu'elle soit assez fine pour foncer un moule à tarte bien beurré. Celui-ci doit avoir un diamètre de 20 cm environ, avec de préférence un fond amovible. Piquez la pâte avec une fourchette, puis enfournez-la pour 10 minutes environ. Sortez le moule du four et réservez. Réglez la température sur 190 °C.

3 Faites chauffer le vin rouge et la cannelle sur feu doux, puis ajoutez les cerises. Laissez frémir doucement pendant 20 minutes jusqu'à ce que les cerises soient tendres. Délayez la maïzena dans un peu d'eau et incorporez-la aux cerises chaudes. Mélangez bien, puis retirez du feu. Ajoutez le jus de citron et laissez refroidir.

4 Saupoudrez le fond de tarte de noix de coco en poudre, puis versez les cerises refroidies dans le moule. Abaissez le reste de pâte et posez-la sur les cerises, en coupant le surplus ; scellez le pourtour du bout des doigts. Faites quelques trous dans le « couvercle » à l'aide d'une brochette. Étalez le blanc d'œuf au pinceau, puis enfournez pour 30 à 40 minutes, jusqu'à ce que la pâte soit bien dorée.

5 Démoulez votre tourte avec précaution et posez-la sur le plat de service. Saupoudrez de sucre glace, si vous le souhaitez. Servez avec une crème anglaise chaude (voir page 152).

une soirée vouée à la passion

EXACERBEZ VOS ÉMOTIONS ET CELLES DE VOTRE PARTENAIRE GRÂCE À UNE AMBIANCE TRÈS YANG ET UN CH'I RAPIDE QUI VOUS METTRA TOUS DEUX D'HUMEUR SENSUELLE. UTILISEZ L'ÉLÉMENT DU FEU POUR RAMENER VOS ÉMOTIONS LES PLUS PROFONDES À LA SURFACE ET POUR FAVORISER L'EXPRESSION SPONTANÉE DES SENTIMENTS.

LA PASSION est une émotion qui peut conduire à une véritable dévotion pour un partenaire, un enfant ou même un passe-temps.

Votre menu et l'atmosphère de votre repas peuvent décupler la force de vos sentiments. Il vous faut, pour cela, renforcer l'énergie yang et accélérer le flux de Ch'i grâce aux lumières et aux surfaces lisses et réfléchissantes. Même si la passion amoureuse n'était plus guère présente dans le couple, l'élément feu pourra changer les choses. L'énergie du feu a la propriété de révéler le Ch'i personnel d'un individu et de lever ses inhibitions. Elle gouverne également la sensualité et les sentiments. Si vous aspirez à connaître la passion avec une autre personne, assurez-vous que l'attirance est réciproque : votre dîner risque de devenir une véritable catastrophe si votre invité(e) n'est pas sur la même longueur d'ondes que vous !

LE MENU

Afin de dégager une atmosphère des plus passionnelles, enflammez votre repas avec des épices, des aliments frits ou flambés, qui vous aideront à exprimer vos émotions. Steven a sélectionné deux recettes relativement légères – un plat et un dessert – qui aviveront vos sens sans trop charger votre estomac.

Plutôt que de déguster une entrée, vous pouvez vous parfaitement détendre et aiguiser vos appétits avec un cocktail. Une boisson écarlate aux parfums fortement fruités vous mettra dans l'ambiance. Confectionnez un bloody mary à base de jus de tomate et de vodka, ou mélangez jus de raisin ou de cassis avec votre alcool favori. Une boisson pétillante apportera une note frivole et créera l'ambiance, idéale pour une fête des sens et des sentiments. Le champagne est également tout indiqué dans ces circonstances.

Le menu débute par des brochettes d'espadon bien relevées. L'ail stimulera vos sens ; consommé régulièrement, il développera votre émotivité, aussi vaut-il mieux limiter sa consommation si vous êtes sujet aux débordements sentimentaux. Les piments sont chargés de l'énergie du feu et ramènent en surface le Ch'i fondamental qui est en vous. Ce plat se cuisine rapidement au wok sur feu vif, ce qui renforce l'énergie du feu ; servez-le brûlant.

De la même manière, les crêpes Suzette au sambuca sont préparées dans une poêle directement sur la flamme. Un plat tout à fait émoustillant, surtout si vous le flambez sur la table. Le sambuca renforce l'énergie du feu.

Arrosez ce repas avec du saké chaud pour vous réchauffer et favoriser la montée des émotions. Si vous préférez ne pas boire d'alcool, choisissez un jus de fruit glacé mélangé à une eau minérale pétillante. Une liqueur à la fin du repas, comme un bon cognac, finira de réveiller votre ardeur.

LES FLAMMES NUES APPORTENT UNE NOTE DE PASSION À UN REPAS. VOUS POUVEZ RENFORCER L'ÉLÉMENT DU FEU À LA FIN DU REPAS EN SERVANT UNE LIQUEUR FLAMBÉE, COMME LE SAMBUCA, AVEC LE CAFÉ.

LE DÉCOR

Pour favoriser l'expression de la passion, vous devez accélérer le flux de Ch'i dans votre salle à manger afin de remuer les énergies. Un feu de cheminée, des bougies, des mobiles ou une petite fontaine peuvent y contribuer. Les couleurs vives, notamment le pourpre et le rose, contribuent à « chauffer » l'atmosphère. Assurez-vous que le Ch'i ne stagne pas dans les angles où l'air ne circule pas et évitez si possible de manger dans un sous-sol ou dans une pièce mal exposée à la lumière du jour.

Le pourpre est la couleur de la passion. Une nappe et des fleurs de cette couleur rendront l'atmosphère plus intense. Choisissez une couleur neutre comme un vert pâle ou un crème pour la vaisselle et les plats de service pour bien faire ressortir le pourpre. Un vrai feu de bois renforcera le Ch'i dans la pièce et vous mettra d'humeur sensuelle. Si vous n'avez pas de cheminée, introduisez des couleurs chaudes et vibrantes dans la pièce, comme le rouge et le pourpre. Cuisiner directement sur la table ou servir un plat flambé renforce également le Ch'i du feu qui stimule l'expression de la passion.

Les flammes vacillantes des bougies favorisent, elles aussi, l'épanchement des émotions. Choisissez-les de couleurs rouge et pourpre ; essayez de trouver des bougeoirs en forme d'étoile pour stimuler l'énergie du feu. Sinon, utilisez des bougeoirs en bois car l'énergie de l'arbre renforce celle du feu.

menu passion

BROCHETTES D'ESPADON AU TEMPEH ET AUX HARICOTS VERTS

CRÊPES SUZETTE AU SAMBUCA

pour 2

Les miroirs permettent à l'énergie de se diffuser plus vite dans la pièce, mais ils ne doivent être ni trop grands, ni trop nombreux.

Les lumières vives renforcent le Ch'i, mais évitez les éclairages directs et dirigez vos ampoules vers les angles de la pièce.

Projetez des images mouvantes contre un mur; elles peuvent favoriser et éveiller la passion, surtout si elles sont colorées et évoquent des sujets sensuels.

Les fleurs rouges, pourpre et jaunes apportent une énergie yang. Les fleurs exubérantes renforcent l'énergie du feu et peuvent augmenter le désir physique. Il en est de même des plantes aux feuilles dardées, comme le yucca.

La soie est une étoffe qui favorise la volupté, surtout lorsqu'elle est légèrement chatoyante. Drapez des rideaux de soie sur ceux que vous possédez déjà ou recouvrez de soie les dossiers de vos chaises. Choisissez de préférence un pourpre vif, bien que le crème et le rose puissent également convenir.

LE PLAN DE TABLE

Asseyez-vous face au sud, direction qui correspond à la mi-journée, pour bénéficier de son Ch'i rayonnant. Si la disposition de votre salle à manger ne le permet pas, installez-vous face au sud-ouest pour augmenter votre sentiment d'intimité, face à l'ouest pour instaurer une atmosphère enjouée et agréable, ou face au sud-est pour faciliter la conversation. Une position face au sud-est peut également vous aider à renforcer votre confiance en vous.

dresser la table

UNE TABLE AU PLATEAU DE BOIS POLI est idéale, mais une surface de métal ou de verre produit les mêmes effets. Si la surface de votre table n'est pas suffisamment brillante, recouvrez-la d'une nappe de couleur vive comme un pourpre ou un rouge; vous pouvez également choisir un blanc cassé. Si votre table possède des rallonges, n'hésitez pas à les installer pour qu'elle soit aussi grande que possible; vos champs d'énergie auront ainsi la possibilité de se répandre. Une longue table en bois rectangulaire, associée à l'élément arbre, renforcera le Ch'i ardent de la passion.

Des chaises basses capitonnées sont les sièges qui conviennent le mieux à ce type de dîner. Vous pouvez également jouer l'exotisme en éparpillant des coussins autour d'une table basse. Dans ce cas, le flux de Ch'i sera ralenti et vous devrez introduire davantage de couleurs vives pour que l'atmosphère demeure suffisamment yang. Des couverts d'argent ou d'acier stimuleront le Ch'i et l'éparpilleront dans la pièce durant le repas. Prévoyez d'autres accessoires métalliques sur la table, comme une salière et une poivrière, ou encore des plats de service.

LA SOIE Le Ch'i doit sans cesse rester en mouvement dans la pièce. Pour cela, multipliez les surfaces lisses et brillantes. Les coussins recouverts de soie ou de satin dans les tons rose vif et pourpre apporteront une note de volupté au décor.

LE MÉTAL Comme les autres accessoires métalliques, des poignées et plaques de porte en métal poli accélèrent la circulation du Ch'i et sont visuellement stimulants.

LES TABLEAUX Des nus ou des personnages à-demi vêtus peuvent stimuler les sens. Les tableaux à l'huile sont, à cet égard, particulièrement évocateurs.

l'avis de Steven

POUR VIVRE UNE GRANDE PASSION, les gens ont besoin d'aliments brûlants et très épicés. Le feu est le secret de ces plats ; préparez-les à la cuisine et apportez-les encore tout grésillants sur la table. La passion ne supporte pas les aliments trop riches ou trop lourds. Ils doivent être légers, parfumés et vous laisser sur votre faim.

brochettes d'espadon au tempeh et aux haricots verts

POUR LES BROCHETTES D'ESPADON

350 g de chair d'espadon (ou de thon)
15 cl d'huile d'olive
1 brin de romarin
2 gousses d'ail pelées et écrasées
4 tiges de citronnelle
4 feuilles de laurier (facultatif)

POUR LE TEMPEH

400 g de tempeh ou de tofu
1 oignon rouge finement haché
1 piment rouge épépiné et finement haché
200 g de haricots verts
1 cuil. à café de sirop de tamarin ou 1 cuil. à soupe de jus de citron
1 cuil. à café de garam masala fraîchement moulu (voir p. 149)
coriandre fraîche pour garnir

1 Coupez la chair du poisson en cubes de 4 cm et mettez-la à mariner dans l'huile avec l'ail et le romarin. Salez et poivrez. Réservez au réfrigérateur 30 minutes au moins (10 heures au maximum).

2 Sortez les cubes de poisson de la marinade et piquez-les sur les tiges de citronnelle. Prévoyez environ trois cubes par brochette. Piquez une feuille de laurier à l'extrémité de chaque tige si vous le souhaitez.

3 Coupez le tempeh ou le tofu en cubes de 4 cm. Chauffez 1 cuillerée à soupe de l'huile de la marinade dans un wok posé sur feu vif. Faites revenir l'oignon et le piment pendant 5 minutes sans les laisser dorer. Ajoutez le tempeh et laissez-le frire pendant 30 secondes en remuant continuellement. Quand les cubes sont colorés de tous côtés, retirez-les du wok. Réservez.

4 Faites blanchir les haricots verts dans de l'eau bouillante salée pendant 2 minutes. Passez-les sous l'eau froide et égouttez-les. Mettez les haricots verts dans le wok avec le sirop de tamarin et le garam masala et faites-les revenir pendant 3 à 4 minutes sans les laisser prendre couleur. Ajoutez, si nécessaire, un peu d'huile de la marinade pour que les haricots n'attachent pas.

5 Ajoutez le tempeh dans le wok et laissez cuire encore pendant 2 minutes. Goûtez et assaisonnez. Retirez du feu, transférez les haricots et le tempeh dans un plat de service et gardez-le au chaud.

6 Faites griller les brochettes au barbecue ou sous le gril du four pendant 30 secondes sur chaque face (2 minutes en tout). La chair du poisson doit être rosée. Assaisonnez et servez avec le tempeh et les haricots. Décorez de quelques feuilles de coriandre.

crêpes suzette au sambuca

POUR LES CRÊPES

2 œufs

25 cl de lait

100 g de farine tamisée

1 trait d'huile d'olive

1 pincée de sel

huile pour la cuisson

POUR LA SAUCE

60 g de beurre

10 cl de sirop d'érable

le jus et le zeste de 2 oranges non traitées

5 cl de sambuca ou d'anisette

1 Mélangez ensemble les œufs, le lait, la farine, l'huile d'olive et le sel pour préparer la pâte. Versez celle-ci dans une passoire pour en extraire tout grumeau.

2 Faites chauffer une grande poêle sur feu moyen. Huilez-en légèrement le fond. Versez à la louche juste assez de pâte pour couvrir le fond de la poêle. Faites cuire la crêpe environ 1 minute de chaque côté. Pliez-la en quatre dans la poêle avant de l'en sortir. Prévoyez 2 à 3 crêpes par personne.

3 Dans une autre poêle, faites fondre le beurre sur feu moyen. Ajoutez le sirop d'érable, les jus et les zestes des oranges. Mélangez bien puis laissez cuire pendant 5 minutes, jusqu'à ce que la sauce épaississe.

4 Mettez les crêpes une par une dans la sauce. Versez ensuite le sambuca, puis inclinez légèrement la poêle vers le brûleur pour en enflammer le contenu. (Ou enflammez le sambuca dans une louche si vous n'avez pas le gaz.) Servez avec la sauce encore flambante.

un repas drôle et sain pour les enfants

POUR LES ENFANTS, LE MOT REPAS DOIT RIMER AVEC PLAISIR, MAIS AUSSI AVEC CALME. VOUS POUVEZ VOUS ADAPTER AUX BESOINS DE CHACUN DE VOS ENFANTS EN MODULANT L'ÉQUILIBRE DU YIN ET DU YANG ET EN COMBINANT L'INFLUENCE DES CINQ ÉLÉMENTS, TANT DANS LE DÉCOR QU'EN CE QUI CONCERNE LES ALIMENTS QUE VOUS LEUR SERVEZ. ILS GRANDIRONT PLUS HEUREUX ET EN PLEINE SANTÉ.

LE MEILLEUR DÉPART dans la vie que vous puissiez donner à vos enfants est de les nourrir avec des aliments sains et naturels. S'ils apprennent très jeunes à apprécier les légumes, les céréales et les fruits, il leur sera plus facile d'éviter plus tard les aliments préjudiciables à la santé. Préférez des produits naturels et présentez-les de manière attrayante.

LE MENU

Habituez vos enfants à manger des céréales et des légumes à chaque repas. Un menu équilibré comporte une soupe, un plat de résistance et un dessert.

La soupe à la tomate de Steven est fraîche et goûteuse. C'est un plat yin qui contribuera à calmer votre petit monde au début du repas. Si vos enfants n'aiment pas les tomates, essayez d'autres légumes comme les carottes, le cresson ou le chou-fleur.

Les croquettes de haricot ont beaucoup de succès avec mes enfants et constituent une bonne source de protéines. Les haricots présentent, en effet, une mine de nutriments intéressants. Choisissez si possible des haricots à la sauce tomate de culture biologique, sans sucre ajouté. Ce plat est relativement yang. Si vous voulez réduire sa teneur en lipides, remplacez le fromage par du tofu.

Les bananes cuites constituent un dessert sucré très apprécié des enfants. Les ingrédients sont plutôt yin, mais la cuisson au four introduit une composante yang qui équilibre ce plat. Ce repas sera accompagné d'eau de source ou de jus de fruits frais, qui sont des boissons yin très rafraîchissantes. Trop d'eau pendant les repas peut toutefois ralentir la digestion car elle dilue les enzymes digestifs dans l'estomac. Incitez vos enfants à boire, de préférence, à d'autres moments de la journée.

Des repas servis à heures régulières aideront les petits à établir leurs rythmes biologiques ; il leur sera ainsi plus facile de manger avec appétit et de bien digérer.

DES EN-CAS SAINS POUR VOS ENFANTS

Les enfants ont besoin de manger plus fréquemment que les adultes ; il existe de nombreux en-cas qui leur permettent de conserver toute leur énergie entre les repas. Le principal mot d'ordre est d'éviter les aliments riches en sel, en sucre, en graisses saturées et comportant des additifs. Vous devez apprendre à vos enfants le vrai goût des aliments. Les « petits goûters » trop sucrés ou trop gras peuvent à la longue détruire leur goût et se révéler dommageables pour leur santé.

Si vous souhaitez qu'ils aient bon appétit lors des repas, proposez-leur des aliments qui les rassasient à court terme, comme les fruits frais et les raisins secs. Les bananes sont riches en sucre et doivent être consommées loin des repas. Les fruits secs, comme les raisins et les abricots secs, sont plus yang que les fruits frais et constituent un en-cas idéal. Riches en nutriments et en fibres, ils sont naturellement sucrés et donnent un coup de fouet salvateur à un enfant fatigué.

Les graines et fruits à écale grillés sont plus yang que les fruits frais et sont riches en protéines, mais ils donnent soif ; prévoyez donc une boisson pour les accompagner.

Les confitures allégées en sucre peuvent constituer une alternative si elles sont étalées sur du pain complet. Il existe aujourd'hui une large gamme de biscuits et bonbons aux sucres édulcorants, mais une consommation excessive risque de perturber l'appétit des enfants et de fausser leur goût.

LE DÉCOR

Les couleurs vives et les surfaces lisses peuvent se révéler trop stimulantes. Les bois naturels et les cotonnades de couleurs neutres conviennent mieux.

Choisissez des serviettes et nappes bleu pâle, vert clair, crème ou mauve qui sont des couleurs apaisantes.

Le bois est porteur d'un Ch'i naturel équilibré, plus modéré que celui du métal, mais plus puissant que celui des étoffes. Un bois dur et sombre comme l'acajou est yang et risque de disperser l'attention des enfants. Un bois tendre et clair, comme le pin, tout comme l'osier ou le rotin, sont plus yin et créent une atmosphère calme et conviviale.

Les enfants adorent manger aux bougies, qui captent leur attention au cours d'un dîner. Pour tous les jours, une lampe suspendue juste au-dessus de la table les aidera à se concentrer sur le repas.

menu
enfants

SOUPE À LA TOMATE

CROQUETTES
DE HARICOTS

BANANES AU FOUR
À L'ORANGE
ET AU SIROP D'ÉRABLE

pour 4 enfants

LES TARTINES DE PAIN COMPLET À LA CONFITURE ALLÉGÉE CONSTITUENT DE BONS GOÛTERS « POUR ATTENDRE » ENTRE LES REPAS. VOUS POUVEZ AUSSI OFFRIR À VOS ENFANTS DES FRUITS FRAIS OU SECS, OU ENCORE DES GRAINES ET DES FRUITS À ÉCALE QUI LEUR APPORTENT DES NUTRIMENTS NATURELS.

Décorez le coin repas de nombreuses plantes, en évitant les variétés aux feuilles longues et pointues qui peuvent rendre les enfants agités et hyperactifs.

Il est rassurant pour les enfants d'avoir leurs jouets et leurs petites possessions sous les yeux. Disposez leurs jouets favoris sur une étagère ou autour de la pièce. Le mouvement lent d'un mobile peut les aider à se détendre. Un mobile en métal, qui est yang, devra être suspendu à l'ouest d'une pièce, alors qu'un mobile en bois sera plus à sa place à l'est. Les tons très vifs peuvent se révéler trop excitants, aussi choisissez un mobile aux couleurs délicates que vous éviterez d'accrocher juste au-dessus de la table.

LE PLAN DE TABLE

Tous les enfants sont différents, aussi devez-vous réfléchir à la direction qui convient le mieux à chacun d'entre eux. Un enfant coléreux, par exemple, bénéficiera d'une position faisant face à l'ouest ou au nord, qui correspondent à l'enjouement et au calme. Le même enfant ne devra pas être placé face au nord-est ou au sud, qui renforcent l'esprit de compétition et l'émotivité. Reportez-vous donc à la page 67 pour les caractéristiques de chacune des Huit Directions.

En principe, les parents doivent être assis face au nord-ouest et au sud-ouest, qui sont les directions respectivement associées au père et à la mère. Si ce n'est pas possible, l'un des parents s'installera face au sud-est.

Évitez de placer un enfant le dos tourné vers la porte ou une autre source de distraction ; il aura plus de chances de rester tranquille, sagement assis à sa place.

dresser la table

CERTAINS ENFANTS apprécient un décor de table assez formel et se tiennent bien spontanément. Ils aiment le rituel des repas et se plient facilement aux règles de savoir-vivre. Un décor très yin risque toutefois de les inciter à ne pas prendre les repas au sérieux et à mettre une joyeuse pagaille.

Les chaises doivent être hautes pour que les enfants n'aient pas la tentation d'en descendre et de se promener durant les repas. Une chaise haute pour enfant apprend aux plus petits à rester assis pour la durée d'un déjeuner ou d'un dîner et à se concentrer sur ce qu'ils mangent.

Évitez les assiettes et les verres en plastique qui dispensent un Ch'i artificiel. La porcelaine, le verre et la faïence offrent un meilleur Ch'i pour les jeunes enfants. À mon avis, ces derniers devraient s'habituer le plus tôt possible à la vaisselle ordinaire pour prendre l'heure du repas au sérieux. En fonction de leur âge, donnez-leur des fourchettes, couteaux et cuillers en métal ou en bois. Assurez-vous que les couteaux ne sont pas trop tranchants. Évitez les couverts en plastique.

LES ŒUVRES ENFANTINES Si vos enfants aiment dessiner, suspendez leurs œuvres dans la maison pour leur montrer que vous prenez leurs efforts au sérieux. Vous pouvez encadrer et exposer tous les dessins qui vous plaisent vraiment.

LE BOIS Les meubles en bois naturel apportent un Ch'i associé à la croissance et à la vitalité sans être trop stimulant. Utilisez des accessoires en bois pour rendre plus yin l'ambiance de vos repas.

LES CARILLONS Le son intermittent d'un carillon est charmant, surtout lorsqu'il s'agit d'un modèle métallique offrant plusieurs notes différentes. Les carillons purifient le Ch'i et apportent une énergie fraîche et vivifiante dans une pièce.

LES JOUETS Incitez vos enfants à garder leurs jouets bien rangés ; cela les aidera à respecter leur propre espace dans la maison et à rester calme lorsque la famille est réunie, comme, par exemple, lors des repas.

soupe à la tomate

1 cuil. à soupe d'huile de pépin de raisin
1 gousse d'ail pelée et écrasée
1 oignon moyen, finement émincé
700 g de tomates coupées en quartiers
15 cl de bouillon de légumes (voir page 150) ou d'eau bouillante
sel et poivre noir du moulin
1 cuil. à soupe de basilic ciselé (facultatif)

1 Chauffez l'huile dans une casserole sur feu moyen et faites revenir l'ail et l'oignon pendant 5 minutes, sans laisser blondir. Ajoutez les tomates avec peau et pépins et mélangez-les aux oignons.

2 Ajoutez le bouillon ou l'eau et mélangez bien. Posez un couvercle sur la casserole et laissez frémir pendant 20 minutes.

3 Mixez la soupe dans le bol d'un robot ménager, puis versez-la à travers une passoire fine pour éliminer les peaux et les pépins, en appuyant avec le dos d'une cuiller.

4 Assaisonnez selon votre goût. Si les tomates ne sont pas très mûres, ajoutez le jus d'une orange ou une cuillerée à soupe de miel pour adoucir le goût. Parsemez de basilic et servez.

croquettes de haricots

4 cuil. à soupe bombées de haricots en boîte à la sauce tomate, égouttés
2 cuil. à soupe de gruyère râpé
2 pommes de terre bouillies, pelées et écrasées
1 jaune d'œuf
1 cuil. à soupe de persil ciselé
sel et poivre noir du moulin
6 à 8 cuil. à soupe de chapelure
50 g de farine
1 œuf battu
2 à 3 cuil. à soupe d'huile de pépin de raisin pour la cuisson

1 Mélangez les haricots, le fromage, les pommes de terre et le jaune d'œuf. Ajoutez le persil et assaisonnez.

2 Façonnez 8 croquettes longues. Si le mélange est un peu mou, ajoutez une cuillerée à soupe de chapelure.

3 Roulez successivement chaque croquette dans la farine, puis dans l'œuf battu et enfin dans la chapelure.

4 Chauffez l'huile dans une poêle à feu vif et faites frire les croquettes jusqu'à ce qu'elles soient dorées de tous côtés.

5 Si vos enfants aiment le fromage, parsemez chaque croquette de gruyère râpé. Vous pouvez aussi ajouter un peu de sauce voodoo ou de coulis d'orange et de tomate (voir page 151). Servez avec des légumes verts, comme des brocolis ou du chou, et du pain complet.

bananes au four à l'orange et au sirop d'érable

4 bananes mûres
60 g de beurre
le jus d'une grosse orange
5 cl de sirop d'érable
yaourt nature (facultatif)

1 Préchauffez le four à 200 °C. Pelez les bananes et coupez-les en deux dans le sens de la longueur. Disposez-les dans un plat allant au four, face coupée sur le dessus.

2 Faites fondre le beurre sur feu doux dans une casserole ; ajoutez le jus d'orange et le sirop d'érable. Remuez jusqu'à ce que le mélange soit lisse. Goûtez et rectifiez éventuellement la saveur en ajoutant un peu de jus d'orange ou de sirop d'érable.

3 Versez le contenu de la casserole sur les bananes et mettez le plat au four pour 7 à 10 minutes. Laissez les bananes refroidir un peu dans leur plat de cuisson, puis disposez deux moitiés de banane sur chaque assiette et répartissez dessus le sirop de cuisson. Vous pouvez servir les bananes telles quelles ou les accompagner d'une cuillerée à café de yaourt nature.

l'avis de Steven

J'AI TOUJOURS NOURRI MES DEUX FILLES, Serena 10 ans et Stéphanie 7 ans avec les aliments les plus frais ; leur bonne santé et leur vitalité en témoignent. Il est curieux de constater à quel point on cuisine vite avec des produits frais – les parents débordés n'ont vraiment pas besoin de perdre leur temps en longs préparatifs s'ils connaissent quelques recettes rapides. Ma soupe à la tomate a autant de succès avec les enfants qu'auprès des adultes. Prendre vos responsabilités pour la santé de vos enfants implique de savoir exactement ce que vous leur donnez à manger et à boire, même si cela vous oblige à dépenser un peu plus d'argent pour des produits biologiques, voire à cultiver vous-même vos fruits et légumes.

un menu pour faire la fête

UNE FÊTE CÉLÉBRÉE EN L'HONNEUR D'UNE PERSONNE OU D'UN ÉVÉNEMENT s'accompagne souvent d'une débauche d'énergie et de beaucoup d'enthousiasme. Tous les prétextes sont bons pour faire la fête : un succès sportif, une réunion entre amis, la nouvelle décoration de la maison, la promesse d'une bonne nouvelle ou l'achat de nouveaux vêtements.

UNE SOIRÉE DE FÊTE PEUT ÊTRE ORGANISÉE POUR BIEN DES RAISONS. VOUS POUVEZ CÉLÉBRER UN ÉVÉNEMENT OU UN SUCCÈS, OU TOUT SIMPLEMENT AVOIR ENVIE DE PARTAGER VOTRE JOIE DE VIVRE AVEC VOS AMIS. UNE ÉNERGIE YANG TRÈS RAPIDE DOMINERA CE REPAS, ASSOCIÉE À L'ÉNERGIE VITALE DE L'ARBRE ET À LA CHALEUR DU FEU.

LE MENU

Choisissez des aliments yang pour accélérer le mouvement du Ch'i autour de votre corps. Les saveurs fortes et la chaleur des aliments vous prédisposeront à la frivolité, surtout si vous faites frire ces derniers, stimulant ainsi le Ch'i du feu.

Vous pouvez également renforcer le Ch'i de l'arbre en servant beaucoup de légumes verts, qu'ils soient crus, cuits à la vapeur ou simplement blanchis. Les plats doivent être légers pour que vos convives restent en forme ; une nourriture lourde peut diminuer leur énergie. Complétez les recettes de Steven de légumes légers, comme les brocolis, le chou-fleur, les oignons verts, les poireaux, le chou chinois et le persil. La choucroute peut également contribuer à rendre les fritures plus digestes.

Les galettes de lentilles au cumin combinent les propriétés stimulantes des piments et du cumin à l'énergie, plus stable, des lentilles. La présence de l'oignon et le mode de cuisson renforcent la puissante énergie du feu.

La friture apporte au caractère yin des légumes l'énergie du feu, vous mettant l'esprit en état d'alerte. Ce plat flatte vos papilles sans vous alourdir. Il est complété par les coquilles géantes aux champignons des bois et la délicieuse marmelade d'oignons rouges qui en font un plat yang plein de saveur.

La sauce au piment vert des gambas constitue un véritable dopant qui gardera vos convives en pleine forme. Les poivrons, l'ail et la coriandre stimuleront votre Ch'i et vous empliront d'énergie. Le mode de cuisson en friture apportera le Ch'i du feu à ce plat. Toutes les boissons stimulantes, comme le café, le thé à la menthe ou le thé au citron et au gingembre sont conseillées. Le saké, le whisky et le cognac sont aussi des boissons de fête, alors que la bière vous permettra d'équilibrer le repas.

LE DÉCOR

Vous devez faire en sorte de favoriser la circulation du Ch'i dans la pièce et d'en accélérer le flux. Vous y parviendrez avec des couleurs vives, des lumières fortes, des formes pointues et des surfaces planes dures et polies. Limitez le nombre des meubles – les pièces encombrées et trop de tissu ralentissent le flux de Ch'i et rendent l'ambiance trop douillette pour faire la fête.

Privilégiez les tons pourpre, jaune et rouge. Les verts et les bleus soutenus peuvent aussi être excitants. Les lampes à halogène accélèrent le déplacement du Ch'i, tout comme les sols de marbre, les dallages et les parquets de bois dur. Utilisez des stores plutôt que des rideaux pour que l'énergie circule plus facilement. Choisissez des modèles en bois ou en métal, les seconds apportant une énergie plus yang.

Les cristaux éparpillent le Ch'i dans toutes les directions et offrent toutes les couleurs de l'arc-en-ciel ; ils maintiennent une ambiance très animée dans la pièce et réduisent les stagnations du Ch'i. Un chandelier de cristal est idéal, mais si vous n'en avez pas, il existe des lampes de table et des appliques murales en cristal.

Renforcez l'énergie du feu avec des bougies, des formes pointues ou triangulaires et la couleur pourpre. Si vous n'utilisez pas la lumière électrique, procurez-vous suffisamment de bougies pour que la pièce soit bien éclairée. Le feu et l'eau sont des éléments opposés en termes de Feng Shui ; si vous les rapprochez – grâce à des bougies flottantes, par exemple – vous créerez une ambiance extrêmement stimulante.

Des fleurs aux couleurs éclatantes peuvent aussi animer la pièce, surtout si vous choisissez des variétés à épines. Les chardons pourpre ou les clématites sont parfaits, ainsi que les lis tigrés dans une moindre mesure. Disposez les fleurs dans un vase coloré en forme de pyramide ou d'étoile.

Les plantes aux feuilles pointues génèrent une puissante énergie yang qui rendra votre pièce plus stimulante. Un yucca constitue le choix le plus évident. Disposez-le devant un miroir et placez un spot à sa base pour renforcer le flux de Ch'i. Citons parmi les autres plantes stimulantes les palmiers et les fougères.

Choisissez des tableaux, gravures et posters aux couleurs vives qui laissent libre cours à l'imagination – il est préférable qu'ils soient abstraits. Il en est de même pour les autres motifs du décor. Vous pouvez toutefois opter pour des images que vous trouvez excitantes, par exemple des photos de sport ou d'un événement qui vous a marqué. Choisissez des objets décoratifs et des sculptures aux formes associées au Ch'i du feu : pyramides, étoiles et triangles.

LE PLAN DE TABLE

Si vous désirez rester en forme toute la soirée, installez-vous face à une direction associée au soleil levant. Ces directions sont l'est, le sud-est et le sud. Leur Ch'i actif et particulièrement vivifiant saura vous stimuler, notamment celui du sud qui est très puissant. Vous pouvez préférer vous asseoir face au nord-est pour vous sentir plus motivé, ou encore face à l'ouest pour être plus enjoué.

menu
de fête

OIGNONS BHAJI ÉPICÉS

COQUILLES AUX CHAMPIGNONS DES BOIS ET MARMELADE D'OIGNONS

GAMBAS FRITES ET SAUCE AU PIMENT VERT

GALETTES DE LENTILLES AU CUMIN

FRITURE DE LÉGUMES

pour 4

dresser la table

PLUS VOTRE TABLE SERA ORIGINALE, plus elle sera stimulante. Son plateau pourra avoir une forme inusitée, par exemple triangulaire, ce qui l'associera au Ch'i du feu. Sinon, un plateau carré constituera le meilleur choix. Une surface dure et lisse en bois poli, en verre, en marbre ou en métal est indispensable.

Choisissez des chaises hautes, ou encore des tabourets, pour renforcer l'énergie de l'arbre. Les sièges hauts vous permettent, en outre, de mieux vous exposer au flux de Ch'i qui baigne la pièce. Les chaises en bois ou en métal permettent au Ch'i de circuler bien plus rapidement et le rendent beaucoup plus facile à capter. Si vous avez des chaises capitonnées, choisissez-les de couleurs vives ou drapez leurs dossiers d'étoffes aux teintes vibrantes.

Pour les sets de table, la vaisselle, les verres, les serviettes et les couverts, des couleurs éclatantes et des formes inhabituelles sont de rigueur. Laissez des espaces vides sur le plateau de la table pour que le Ch'i y circule plus facilement. Toutes les surfaces brillantes lui sont favorables, aussi devez-vous bien polir vos assiettes, couverts, verres et porte-serviettes. Les tissus imprimés sont plus vivifiants que les étoffes unies ; choisissez un linge de table décoré de motifs en zigzag.

LE FEU Une cheminée ouverte renforcera le Ch'i du feu dans la pièce. Placez un miroir en face du feu pour en augmenter les effets. Faites en sorte que la pièce reste fraîche et bien aérée.

L'ÉCLAIRAGE Mieux vaut choisir des lampes puissantes et orientables. Vous pourrez ainsi diriger la lumière vers les parties les plus intéressantes de la pièce.

oignons bhaji épicés

50 g de farine de pois chiche
et 65 g de crème de riz,
ou 115 g de farine de blé dur
1/4 de cuil. à café de bicarbonate
1/2 cuil. à café de piment rouge
en poudre (Cayenne)
1/2 cuil. à café de sel
25 cl de lait
2 oignons moyens, pelés et émincés
huile pour la friture
1 pincée de curry en poudre

1 Mélangez les farines, le bicarbonate, le piment en poudre et le sel. Ajoutez le lait pour obtenir une pâte épaisse.

2 Incorporez les oignons, puis façonnez des boulettes, en ajoutant du lait ou de la farine si nécessaire.

3 Chauffez l'huile et faites frire les boulettes jusqu'à ce qu'elles soient dorées. Saupoudrez de curry et servez.

coquilles aux champignons des bois et marmelade d'oignons

POUR LA MARMELADE D'OIGNON
15 cl de vin rouge
5 cl de vinaigre de vin rouge
100 g de sucre roux
2 oignons rouges moyens, émincés
sel et poivre noir du moulin

POUR LES COQUILLES DES BOIS
1/2 cuil. à soupe d'huile d'olive
200 g de champignons des bois, émincés
1 cuil. à soupe d'estragon ciselé
sel et poivre noir du moulin
8 pâtes géantes (coquilles) de 10 cm
de longueur environ

1 Portez à ébullition dans une casserole le vin rouge, le vinaigre et le sucre. Réduisez le feu et ajoutez les oignons, puis couvrez et laissez frémir 20 à 30 minutes, jusqu'à ce que les oignons deviennent translucides et que le liquide soit absorbé. Assaisonnez et réservez.

2 Préchauffez le four à 200 °C. Chauffez l'huile dans une poêle et faites revenir les champignons jusqu'à ce qu'ils soient tendres. Ajoutez l'estragon, puis retirez la poêle du feu.

3 Faites cuire les coquilles. Égouttez-les et disposez-les, ouverture vers le haut, sur une feuille de papier sulfurisé huilée.

4 Garnissez les pâtes avec les champignons et terminez avec la marmelade. Couvrez de papier sulfurisé pour que les pâtes ne se dessèchent pas. Passez-les au four pendant 5 minutes et servez.

gambas frites et sauce aux piments verts

POUR LA SAUCE AU PIMENT VERT
2 poivrons verts épépinés et grossièrement hachés
1 échalote pelée et hachée
1 gousse d'ail pelée et hachée
2 piments verts épépinés et hachés
2 cuil. à soupe de coriandre ciselée
15 cl de lait de coco ou de bouillon de légumes (voir page 150)
1 cuil. à soupe de miel
sel et poivre noir du moulin
jus de citron vert selon le goût
POUR LES GAMBAS
8 gambas crues
150 g de linguinis (spaghettis fins) de toutes les couleurs et saveurs possibles, écrasés au mixeur
4 cuil. à soupe de chapelure
2 cuil. à soupe de farine, salée et poivrée
1 œuf battu
huile pour la friture

1 Mélangez dans une casserole tous les ingrédients de la sauce sauf le jus de citron vert. Portez à ébullition sur feu doux, puis laissez frémir pendant 15 à 20 minutes. Passez la sauce au mixeur jusqu'à ce qu'elle soit lisse, puis filtrez-la dans une passoire fine. Assaisonnez et ajoutez du jus de citron vert. Laissez refroidir.

2 Décortiquez soigneusement les gambas en laissant les nageoires de la queue intactes. Coupez chaque gambas en deux dans le sens de la longueur, sans aller jusqu'aux nageoires et ouvrez-la à plat comme un papillon. Ôtez la veine du dos.

3 Mélangez ensemble la chapelure et les fragments de pâtes. Passez successivement chaque crevette dans la farine, dans l'œuf battu, puis dans le mélange de chapelure et de linguinis.

4 Chauffez l'huile à 170 °C et faites frire les crevettes pendant 2 à 3 minutes, jusqu'à ce qu'elles soient bien dorées. Vous pouvez aussi les faire revenir dans un wok pendant le même temps. Servez immédiatement avec la sauce au piment vert.

galettes de lentilles au cumin

225 g de lentilles
80 cl de bouillon de légumes (voir page 150) ou d'eau
sel et poivre noir du moulin
2 piments verts épépinés et émincés
1 oignon moyen, finement haché
1 pincée d'assa-fætida
1 cuil. à soupe de persil ciselé
2 cuil. à café de cumin en poudre
1/2 cuil. à café de piment en poudre
1/2 cuil. à café de sel
1 œuf battu
2 cuil. à soupe de chapelure
huile pour la friture

1 Portez le bouillon de légumes et les lentilles à ébullition. Salez et poivrez, puis réduisez le feu. Laissez frémir à couvert pendant 1 heure (ou pendant le temps indiqué sur le paquet). Ôtez les lentilles du feu et passez-les au mixeur pour obtenir une pâte relativement lisse.

2 Ajoutez les piments, l'oignon, le cumin et la poudre de piment ; mixez.

3 Prélevez 2 cuillerées à soupe de pâte et façonnez des rissoles plates que vous passerez successivement dans l'œuf battu et dans la chapelure. Faites-les frire dans l'huile très chaude pendant 3 minutes. Servez immédiatement.

friture de **légumes**

1 poivron rouge épépiné et émincé
1 poivron jaune épépiné et émincé
1 poivron orange épépiné et émincé
200 g de haricots mange-tout
100 g de germes de soja
4 oignons verts coupés en deux
2 piments rouges épépinés et émincés
1 cuil. à soupe d'huile d'olive vierge
1 cuil. à soupe d'huile de sésame
1 cuil. à soupe de shoyu
1 cuil. à soupe de nuoc mâm
1 cuil. à soupe de graines de sésame grillées

1 Coupez tous les légumes en bâtonnets de 1 x 8 cm environ. Chauffez l'huile d'olive et l'huile de sésame dans un wok posé sur feu vif. Faites revenir les légumes et le piment rouge pendant 4 minutes, en remuant continuellement pour que les légumes n'attachent pas.

2 Réduisez le feu, puis ajoutez le shoyu et le nuoc mâm. Mélangez bien et dressez les légumes sur le plat de service. Saupoudrez de graines de sésame grillées.

un repas de réconciliation

QU'ELLES SOIENT FAMILIALES, AMICALES OU PROFESSIONNELLES, LES RELATIONS PEUVENT TRAVERSER DES PÉRIODES DIFFICILES. ADMETTRE QUE VOUS DEVEZ VOUS RÉCONCILIER LORS D'UN REPAS COMMUN VOUS AIDERA À OUBLIER VOS DIFFÉRENDS. PRIVILÉGIEZ LES OBJETS ASSOCIÉS AU SOL POUR LA SÉCURITÉ, ET AU MÉTAL POUR VOUS SENTIR HEUREUX ET DÉTENDU.

LES RELATIONS HUMAINES peuvent êtres perturbées par des mésententes dues à des paroles vexantes proférées dans le feu d'une dispute ou nées d'un sentiment de frustration. Cela peut parfois mener à une dissension à long terme, voire à une séparation et à une rupture totale de la communication. D'autres relations tombent tout simplement dans l'oubli du fait de notre paresse et de notre manque d'attention, laissant un goût d'amertume à la personne délaissée. Dans certains cas, peut-être voudriez-vous essayer de revenir sur les différends du passé et vous débarrasser des souvenirs négatifs comme des émotions qui y sont liées.

LE MENU

Les aliments lénifiants ont plus de chance de favoriser une réconciliation que les mets sucrés, très épicés ou les fritures qui renforcent l'énergie du feu et augmentent le risque de voir renaître la querelle. Le pain et les autres aliments cuits au four peuvent être utiles pour réunir les gens car le Ch'i du métal draine des énergies vers l'intérieur des êtres. Vous trouverez des recettes de pain en pages 154-155.

Les recettes qui suivent comprennent des mets destinés à être dégustés sur du pain. Le fait de présenter les aliments dans un grand plat plutôt que dans des assiettes individuelles rapprochera les convives. Il en est de même des plats comportant de nombreux aliments différents, qui favorisent l'empathie.

Les falafels constituent un plat végétarien riche et savoureux qui vous apportera de l'énergie tout en vous laissant calme et disponible. Si vous avez du mal à rester détendu et à contrôler vos émotions, réduisez les quantités de cumin et de piment en poudre pour que les falafels soient moins épicés.

Les sardines grillées sont très yang, et d'autant plus qu'elles ont une forte teneur en sel. Réduisez leur nombre ou supprimez-les complètement si l'un de vos invités a un tempérament particulièrement irascible.

L'hoummos est une spécialité libanaise crémeuse que l'on étale sur du pain. La tapenade est plus salée, donc plus yang; elle vous permettra de garder votre contrôle et de maîtriser vos impulsions. Également d'origine libanaise, le taboulé est composé de semoule ou de boulgour qui sont tous deux riches en hydrates de carbone complexes et vous aideront à modérer vos humeurs. La purée d'aubergines à l'ail flattera vos papilles et vous apportera une sensation de bien-être. La bruschetta ajoutera une note légère et savoureuse, mais ayez la main légère avec l'ail si vous ne voulez pas que vos convives se laissent dominer par leurs émotions.

Tous ces plats peuvent être servis avec des légumes crus ou blanchis, comme des carottes, du concombre, du cresson ou des radis. Vous souhaiterez peut-être achever votre repas par des fruits frais; choisissez des variétés à la saveur douce comme les melons, les poires ou les abricots. Le jus de pomme chaud, la camomille et l'eau de source sont de bonnes boissons pour ce repas.

LE DÉCOR

Pour qu'il vous soit plus facile de faire la paix avec une personne qui a de bonnes raisons de vous en vouloir, vous devez être calme et attentif afin d'instaurer un véritable esprit de réconciliation. Montrez que vous êtes prêt à écouter et à accepter de faire amende honorable pour ce qui s'est passé jadis. Vous avez besoin d'une énergie yin pour observer cette attitude, ainsi que du support du sol, du métal et de l'eau qui vous permettront de rester calme et détendu.

Utilisez des coloris associés au sol, comme le jaune, le beige et le brun. Introduisez de nombreuses étoffes dans le décor pour rendre l'atmosphère plus intime et plus douce. Les petits motifs sont plus apaisants; choisissez des petits carreaux pour renforcer l'énergie du sol ou un motif de vannerie pour symboliser les liens qui vous unissent. Prévoyez des rideaux épais, un tapis en laine, une nappe et des chaises capitonnées pour parfaire le confort de la pièce. Utilisez des accessoires douillets – des coussins sur le sol, par exemple – et des meubles solides pour que le Ch'i circule d'une manière favorable à votre projet de réconciliation.

Un éclairage bas et indirect vous permettra de créer un environnement propice au rapprochement. Des lumières trop vives sont stressantes et prédisposent aux disputes. Posez vos lampes sur des tables basses pour rendre l'atmosphère plus intime. Utilisez des abat-jour ou dirigez la lumière vers les murs. Les lampes à incandescence offrent un éclat légèrement orangé qui a des vertus calmantes. Les miroirs rendent une pièce plus yang; si vous en avez, mettez-les dans une autre pièce ou drapez-les de tissu.

Un figuier est la plante idéale car ses branches entrelacées symbolisent au mieux votre prochaine réconciliation. Les plantes aux feuilles rondes rendront la pièce plus yin et plus paisible. Plantez-en plusieurs dans la même jardinière dans le but d'évoquer la convivialité.

Vous pouvez également accrocher des photographies du temps où vous vous entendiez bien avec vos convives pour leur rappeler qu'il vous est possible d'être heureux ensemble. La même chose s'applique à tous les souvenirs des choses que vous avez réalisés ensemble, que ce soit gagner une compétition, décorer une maison ou vous aider dans vos carrières respectives.

menu de réconciliation

TABOULÉ

FALAFELS

SARDINES GRILLÉES
ET SALADE GRECQUE

PURÉE D'AUBERGINES À L'AIL

HOUMMOS

BRUSCHETTA

TAPENADE

pour 4 personnes

dresser la table

LA TABLE DOIT ÊTRE RONDE, OVALE OU AVOIR AU MOINS DES ANGLES ARRONDIS pour réduire le risque de propager des flux de Ch'i trop rapides dans la pièce. Une nappe épaisse peut ralentir le Ch'i et masquera les angles vifs. De même, des couleurs pâles et yin sont plus relaxantes. Les chaises seront de préférence basses et confortables. Les sièges capitonnés ralentiront le Ch'i et il vous sera plus facile de vous y détendre ; choisissez des couleurs associées au sol, comme un jaune pâle.

Les accessoires en céramique renforceront le Ch'i du sol et vous permettront de mettre fin aux dissensions qui vous opposent. Des cuillers, des porte-serviette et des bougeoirs en porcelaine peuvent vous y aider. Il en est de même pour les sets, la vaisselle, les verres, les serviettes et les couverts.

DES FLEURS JAUNES Stimulez l'énergie du sol avec différentes fleurs jaunes comme les jonquilles, les chrysanthèmes et les tournesols. Disposez-les au sud-ouest de la pièce pour créer une ambiance harmonieuse.

DES SETS TRESSÉS La matière texturée des sets, des objets de rotin et d'osier apporte une énergie qui renforce l'amitié et l'esprit d'équipe.

D'ÉPAIS TAPIS Recouvrez les sols lisses de tapis épais pour freiner la circulation du Ch'i et favoriser la compréhension mutuelle.

taboulé

250 g de boulgour ou de semoule de couscous
3 échalotes et 3 oignons verts hachés
20 cl de bouillon de légumes ou de bouillon au miso (voir page 150)
4 cuil. à soupe d'huile d'olive
4 cuil. à soupe de jus de citron
1 cuil. à soupe d'olives noires hachées
4 cuil. à soupe de persil ciselé
1 cuil. à soupe de menthe ciselée
2 cuil. à soupe coriandre ciselée
1 romaine, sel et poivre du moulin

1 Mélangez dans un saladier le boulgour ou la semoule, les échalotes et les oignons verts. Versez dessus le bouillon chaud et attendez que la graine s'attendrisse (20 minutes pour le boulgour, 5 minutes pour la semoule).

2 Égouttez la graine et versez-la dans un torchon propre pour absorber l'excès de liquide. Versez-la à nouveau dans le saladier et laissez refroidir légèrement.

3 Mélangez à la fourchette l'huile d'olive et le jus de citron et versez la sauce obtenue sur le boulgour ou la semoule. Mélangez bien.

4 Incorporer les olives hachées et mélangez. Vous pouvez ajouter des tomates cerises et du concombre si vous le souhaitez. Assaisonnez selon votre goût.

5 Ajoutez les aromates dans le taboulé. Disposez des feuilles de laitue contre les parois d'un saladier. Dressez le taboulé au centre et servez.

l'avis de Steven

RIEN N'EST PLUS RÉCONFORTANT QUE L'ARÔME DU PAIN TOUT JUSTE CUIT. Vous découvrirez différentes recettes de pain faciles à réaliser en pages 154-155. Servez-les avec des dips, des pâtes à tartiner des fruits de mer et des fruits frais. Les recettes qui figurent ici sont inspirées des cuisines de la Méditerranée et du Moyen-Orient.

falafels

125 g de pois chiches secs ou 250 g de pois chiches en boîte
1 oignon moyen pelé et haché
1 gousse d'ail pelée
1 cuil. à café de persil ciselé
1/2 cuil. à café de graines de cumin
1/2 cuil. à café de graines de coriandre
1 cuil. à café de coriandre ciselée
1/4 de cuil. à café de piment en poudre
sel et poivre du moulin
1/4 de cuil. à café de levure chimique
huile pour la friture

1 Si vous utilisez des pois chiches secs, faites-les tremper dans l'eau pendant au moins 8 heures. Versez-les ensuite dans une casserole d'eau et faites-les cuire doucement pendant 2 heures. Égouttez et laissez refroidir.

2 Mettez les pois chiches, l'oignon, l'ail et le persil dans le bol d'un mixeur et réduisez-les en une pâte lisse. Ajoutez les épices, la levure, 1/4 de cuil. à café de sel et 1/4 de cuil. à café de poivre et mélangez bien. Réfrigérez 1 à 2 heures.

3 Façonnez des boulettes de pâte de la taille d'une balle de golf et abaissez-les légèrement pour obtenir des disques épais.

4 Chauffez l'huile sur feu vif dans une poêle et faites revenir les falafels 1 à 2 minutes de chaque côté, jusqu'à ce qu'ils soient croustillants. Servez chaud ou réfrigérez 1 à 2 heures avant de servir.

sardines grillées et salade grecque

POUR LA SALADE
1 romaine coupée en morceaux
1 cuil. à soupe d'olives mélangées, dénoyautées
2 cuil. à soupe de tomates cerises, hachées
2 cuil. à soupe de feta, en dés de 1,5 cm
2 cuil. à soupe de jus de citron
2 cuil. à soupe d'huile d'olive
2 cuil. à soupe de coriandre ciselée
sel et poivre du moulin

POUR LES SARDINES
24 sardines de 30 g environ
2 cuil. à soupe d'huile d'olive
gros sel
le jus de 4 citrons verts
2 citrons verts pour décorer

1 Mélangez tous les ingrédients de la salade et assaisonnez-la.

2 Allumez votre gril ou votre barbecue. Disposez les sardines dans un grand plat et couvrez-les d'huile d'olive. Parsemez-les de gros sel, retournez-les et parsemez l'autre côté. Poivrez.

3 Faites griller les poissons sur le gril du barbecue pendant environ 2 minutes de chaque côté. Aspergez-les de jus de citron pendant la cuisson.

4 Répartissez la salade sur les assiettes et dressez dessus les sardines. Décorez chaque assiette d'un demi-citron vert et saupoudrez de coriandre ciselée.

purée d'aubergines à l'ail

2 grosses aubergines pelées
4 gousses d'ail pelées
sel et poivre blanc du moulin
20 à 25 cl de crème fraîche épaisse
2 cuil. à soupe de parmesan râpé
1 trait de jus de citron

1 Préchauffez le four à 200 °C. Coupez en dés la chair de l'aubergine et émincez les gousses d'ail. Mettez-les dans un plat allant au four ; salez et poivrez. Versez la crème sur les aubergines ; couvrez d'une feuille d'aluminium percée d'un trou.

2 Faites cuire au four 30 minutes, jusqu'à ce que la chair des aubergines soit tendre. Passez-la ensuite au mixeur pour obtenir une purée lisse. Si la consistance est trop liquide, ajoutez un peu de parmesan râpé. Agrémentez d'un trait de citron et servez.

hoummos

125 g de pois chiches secs
le jus de deux citrons
2 gousses d'ail pelées
2 cuil. à soupe d'huile d'olive
100 g de tahini
sel et poivre noir du moulin

1 Couvrez d'eau les pois chiches et laissez-les tremper pendant au moins 8 heures. Faites-les cuire ensuite dans une casserole d'eau pendant 2 heures. Égouttez et laisser refroidir.

2 Mixez les pois chiches au robot ménager avec le jus de citron et l'ail. Ajoutez progressivement l'huile d'olive, puis le tahini. Vous devez obtenir une purée épaisse et crémeuse. Si elle vous semble trop épaisse, ajoutez un peu d'huile d'olive. Rectifiez l'assaisonnement et servez dans un ravier.

bruschetta

6 tomates olivettes, ébouillantées, puis pelées
1 bouquet de basilic frais
1 miche de pain ciabatta
2 gousses d'ail pelées et coupées en deux
huile d'olive vierge
sel

1 Hachez les tomates, mélangez-les au basilic dans un saladier et réfrigérez jusqu'au moment de servir.

2 Préchauffez un gril en fonte. Coupez la ciabatta en tranches épaisses. Faites griller chaque tranche jusqu'à ce qu'elle soit marquée de lignes brunes entrecroisées.

3 Frottez d'ail les tranches de pain chaudes. Arrosez-les généreusement d'huile d'olive, parsemez de sel et servez avec les tomates.

tapenade

4 anchois au sel, rincés
1 cuil. à soupe d'olives noires dénoyautées et grossièrement hachées
1 cuil. à soupe d'olives vertes dénoyautées et grossièrement hachées
1 cuil. à soupe de câpres hachées
2 cuil. à soupe de persil ciselé
1 jus de citron vert
1 gousse d'ail pelée
1 cuil. à soupe d'huile d'olive vierge
sel et poivre noir du moulin

1 Coupez les anchois dans le sens de la longueur et ôtez délicatement les arêtes. Écrasez à la fourchette la chair des poissons.

2 Mettez les olives, les câpres et le persil dans un saladier. Versez dessus le jus de citron et pressez l'ail. Ajoutez l'huile d'olive et les anchois. Assaisonnez et servez.

4 les occasions particulières

Lorsque vous recevez pour une occasion particulière, essayez de servir des aliments qui génèrent une atmosphère positive pour l'événement. Ils doivent aussi correspondre à la personnalité de vos invités et être en accord avec le Ch'i ambiant. Ce chapitre propose des astuces pour cuisiner les meilleurs repas possibles et pour créer l'atmosphère idéale lors de huit circonstances différentes, allant du goûter d'enfants au repas de mariage.

variations autour d'un goûter d'anniversaire

L'AVIS DE SIMON... Chaque enfant a des goûts et des besoins particuliers, aussi l'idéal lorsque l'on prépare une fête pour enfants est de prévoir deux zones différentes qui satisferont tous les petits convives : un espace yang, bruyant et animé, et une pièce yin, plus tranquille. La zone yang sera réservée aux jeux. C'est l'endroit où débutera la fête; il doit être stimulant pour donner aux enfants l'envie de participer et comporter suffisamment d'espaces vides pour qu'ils puissent jouer sans se cogner. Un jardin ou un parc sont parfaits, mais une pièce assez vaste peut convenir. Dans ce dernier cas, utilisez des couleurs vives et un éclairage qui renforcera l'énergie yang, avec des lumières directes et des ampoules colorées. Retirez tous les meubles qui ne sont pas indispensables et les tapis. Les ballons gonflables multicolores, les balles en mousse, les miroirs et une musique entraînante inciteront les enfants à se défouler.

Il vaut pourtant mieux qu'ils mangent dans une pièce calme, quitte à retourner dans l'espace yang après le repas. Cette pièce sera décorée de matériaux doux au toucher, de teintes pastel et l'éclairage sera indirect. De gros coussins sur le sol, des tapis épais et des sièges bas créeront une atmosphère sécurisante. Racontez des histoires aux enfants ou faites-leur écouter une musique douce pour les calmer.

LE SUCCÈS DE LA FÊTE CONSISTE À CRÉER UNE AMBIANCE SUFFISAMMENT YANG POUR QUE LES PETITS INVITÉS S'EXPRIMENT ET PARTICIPENT. VEILLEZ TOUTEFOIS À CE QUE L'ATMPOSPHÈRE NE DEVIENNE PAS TROP YANG POUR QUE LA FÊTE NE DÉGÉNÈRE PAS EN PUGILAT.

L'AVIS DE STEVEN... La fête d'anniversaire est un événement très important pour un enfant. Mais beaucoup de ces réunions sont gâchées par la nourriture qui rend les petits hyperactifs et les incite à se chamailler, voire à se battre. Les sucreries excitent les enfants car le taux de sucre sanguin de ces derniers augmente très rapidement. Essayez les confitures allégées en sucre, les jus de fruits frais, et proposez-leur des hydrates de carbone complexes sous forme de pain, de pâtes et de légumes pour leur apporter une énergie lente et constante.

Essayez de prévoir un mélange de sucré et de salé sous forme de bouchées savoureuses – inutile de charger la table de légumes éminemment sains mais qui n'intéresseront personne.

Pensez également à la présentation : rien ne tente davantage les enfants que des mets présentés de manière amusante. Empruntez ou achetez quelques petits emporte-pièce en forme d'animaux. Si les enfants sont assez âgés, les longs pics à cocktails font merveille pour réaliser des « brochettes » insolites. Par exemple, alternez morceaux de pomme, tomates cerise, boules de melon, fraises, fromage, oignons marinés et rondelles de banane. Pour que la fête soit complète, ajoutez un chocolat au milieu.

GÂTEAU SANS SUCRE Ce gâteau rapide à confectionner pour toutes les occasions ne contient réellement aucun sucre ! Il est si facile à préparer que la plus jeune de mes filles y est parvenue, même si elle a eu besoin d'aide pour les œufs.

Préchauffez le four à 180 °C. Prenez 8 œufs, séparez les blancs des jaunes et montez les blancs en neige. Battez les jaunes dans un grand saladier jusqu'à ce qu'ils deviennent crémeux. Tamisez 200 g de farine pour gâteaux sur les jaunes d'œufs et mélangez bien, puis incorporez les blancs. Versez cette pâte dans un moule beurré et fariné de 18 cm de diamètre et 4 cm de profondeur environ. Enfournez pour 20 à 30 minutes, jusqu'à ce que la croûte ait pris une teinte brun clair.

Décorez selon votre fantaisie. Mes filles adorent les fruits frais, la confiture allégée et la crème fouettée, mais pour les occasions spéciales, nous recouvrons le gâteau d'un glaçage au chocolat fait de 50 g de chocolat fondu et 25 cl de crème fouettée. Vous pouvez aussi décorer le gâteau de tranches de fraises ou de framboises, avec des volutes de chocolat.

Il est également possible d'obtenir une délicieuse version chocolatée en remplaçant 50 g de la farine par la même quantité de cacao.

MINI-PIZZAS Cette recette est prévue pour 10 mini-pizzas rondes. Préchauffez le four à 230 °C. Tamisez 350 g de farine, 2 cuil. à café de levure chimique et 2 cuil. de sel dans un saladier. Ajoutez 2 cuil. à soupe d'huile d'olive et mélangez. Incorporez progressivement 25 cl d'eau chaude. Vous devez obtenir une pâte souple qui n'adhère pas aux parois du récipient. Couvrez le saladier d'un film alimentaire et laissez lever la pâte pendant 1 heure dans un endroit chaud de votre cuisine.

Quand la pâte a pratiquement doublé de volume, pétrissez-la sur le plan de travail fariné pour en chasser tout l'air, puis abaissez-la. Découpez des ronds de pâte de la taille de votre choix – 8 cm est un bon diamètre. Garnissez-les à votre convenance, par exemple avec des tomates hachées, de la mozzarella et du basilic. Les enfants apprécient un mélange de thon, de jus de citron et de crème fraîche agrémenté de cheddar râpé et de ciboulette. Une version plus sophistiquée comporte des champignons frits, du bacon et de l'ail. Faites cuire au four pendant 10 minutes, jusqu'à ce que la croûte soit dorée.

oubliez tout le temps d'un pique-nique

L'AVIS DE SIMON... Un pique-nique en pleine nature, loin de votre maison, vous aidera à vous détendre et à créer une rupture dans votre train-train coutumier.

Si vous désirez pique-niquer dans un parc au milieu d'une zone urbaine, sachez que l'environnement sera plus yang et que vous serez moins détendu. Bien que les parcs abritent souvent des plantes et des fleurs ravissantes, ce sont aussi des endroits publics et vous ne serez probablement pas les seuls à manger sur l'herbe. Si vous passez toute la journée dehors, le matin sera réservé aux jeux et activités. L'après-midi se prête mieux à la détente, à la lecture ou à la sieste.

La réussite d'un pique-nique dépend du temps. Un temps ensoleillé, très yang, vous rendra enthousiaste et plein d'énergie ; faites néanmoins attention aux coups de soleil. Le vent est yang ; il vous nettoiera l'esprit et favorisera l'émergence d'idées nouvelles. Les nuages et la pluie sont yin, calment les humeurs et prédisposent à l'intimité. À noter : la neige est la plus yin des conditions atmosphériques. Un orage est toujours très yang.

LORSQUE VOUS MANGEZ À L'EXTÉRIEUR, VOTRE ORGANISME S'IMPRÈGNE DU CH'I AMBIANT. VOUS VOUS SENTEZ DÉTENDU ET VIVIFIÉ. CHOISISSEZ VOTRE LIEU DE PIQUE-NIQUE EN FONCTION DE L'ÉTAT D'ESPRIT QUI VOUS SERA LE PLUS BÉNÉFIQUE.

L'ENDROIT IDÉAL

Le type d'environnement dans lequel se déroule votre pique-nique aura une influence particulière sur la manière dont vous le vivrez. Un site montagneux, par exemple, est souvent pourvu d'un puissant flux de Ch'i vertical qui crée une atmosphère yang ; cette dernière se révélera extrêmement stimulante. C'est l'endroit idéal si vous souhaitez notamment éveiller la part indépendante, spirituelle et créative de votre esprit. Plus le terrain sera escarpé, plus le Ch'i sera rapide et plus votre pique-nique deviendra yang.

Les terrains plats bénéficient d'un puissant Ch'i horizontal qui permet aux énergies de se déplacer d'une personne à l'autre. Ce sont des sites favorables pour apprendre à mieux se connaître lors de fêtes ou de pique-niques d'amoureux. L'énergie des plantes et des arbres rend ces endroits plus yin.

L'eau pure et naturelle peut raviver votre énergie et préserver votre santé ; ce n'est pas un hasard si beaucoup de convalescents vont au bord de la mer et dans les établissements thermaux. L'eau de mer est plus yang que l'eau douce ; les bains en eau salée activent vos fluides corporels et vous ravigotent. Si vous cherchez à vous détendre, essayez de trouver une plage où la mer est calme, et si vous souhaitez un site plus vivifiant, préférez des eaux plus agitées.

Les rivières et l'eau courante en général constituent une bonne source de Ch'i positif. Placez-vous de préférence dans une courbe de la rivière pour être entouré d'eau. Un cours d'eau rapide est plutôt yang et vous dynamisera, alors qu'un courant lent apaisera votre C'hi personnel. Les lacs et les plans d'eau sont yin et dégagent une énergie calme et relaxante. Vous vous sentirez apaisé sur leurs rives, à condition, toutefois, qu'ils ne soient pas pollués, au quel cas leur influence serait négative.

L'AVIS DE STEVEN... Que vous ayez décidé de passer une journée en randonnée avec des amis ou d'aller canoter avec l'élu(e) de votre cœur, un pique-nique est une bonne opportunité pour faire valoir vos dons culinaires. Dans tous les cas, apportez une vraie vaisselle, avec verres, nappe et couverts à l'avenant qui apportent une petite note de raffinement. Remplissez un panier des mets les plus originaux et faites couler le champagne à flots, on parlera longtemps de vous dans les chaumières.

À mon avis, les pique-niques représentent les repas rêvés pour les dips ; c'est ainsi que l'on nomme dans les pays anglo-saxons les multiples sauces dans lesquelles on trempe les aliments avant de les consommer. Essayez ma sauce shoyu (voir page 77), ma sauce voodoo (voir page 151) ou encore l'hoummos (voir page 121). Coupez des fruits et légumes en petits morceaux pour les déguster à toutes les sauces : mini-maïs, tomates cerises, courgettes, céleri, fenouil, etc. Faites vous-même votre pain (voir pages 154-155) pour accompagner ces merveilles.

Ma bruschetta aux légumes rôtis apporte une petite touche de raffinement. Faites rôtir des poivrons verts, des oignons rouges et des tomates cerises avec beaucoup d'origan frais, de l'ail et un peu de sirop. Grillez quelques tranches de pain ciabatta que vous frotterez d'ail et d'huile d'olive, puis étalez les légumes dessus. Chaque pique-nique mérite quelques mets de choix comme mes brochettes de crevettes à la dublinoise, faciles à préparer et à transporter. Décortiquez 6 grosses crevettes cuites et faites-les mariner toute une nuit dans de l'huile citronnée (voir page 153) avec des piments rouges. Servez-les en brochettes sur des pics à cocktail, parsemées de graines de sésame grillées.

Toutes les sortes de sandwichs sont aussi les bienvenues. Les petits pains fourrés de saumon fumé, de fromage blanc et parsemés de ciboulette sont toujours appréciés. N'oubliez pas votre moulin à poivre et le jus de citron.

conviez vos amis à une pendaison de crémaillère

L'AVIS DE SIMON... Lorsque vous emménagez dans une nouvelle maison, vous commencez par la meubler et la décorer de façon qu'elle reflète votre personnalité. La fête organisée à l'occasion d'une pendaison de crémaillère vous permet de prendre réellement possession des lieux, ainsi que d'investir les pièces de l'esprit convivial et du Ch'i positif de vos amis.

Avant la fête, vous devrez cependant libérer l'habitation du Ch'i des précédents occupants ; vous y parviendrez en ôtant les anciens tissus des rideaux et des revêtements muraux, et peut-être même les moquettes. Si vous avez l'intention de les garder, nettoyez-les soigneusement. En effet, ces matériaux ont tendance à s'imprégner du Ch'i ambiant au fil des ans, y compris celui qui est engendré par les expériences négatives, comme les querelles, les tensions ou les mauvais sentiments. Vous devrez ensuite nettoyer la maison de fond en comble ; lavez les sols, les murs et les plafonds afin de renouveler le Ch'i. Portez une attention particulière à la cuisine car c'est la pièce où le Ch'i influence le plus votre santé et votre bien-être.

UN EMMÉNAGEMENT DANS UNE NOUVELLE MAISON EST LE PRÉTEXTE TOUT TROUVÉ (S'IL VOUS EN FAUT UN) POUR ORGANISER UNE FÊTE. EN FAISANT ENTRER CHEZ VOUS VOTRE FAMILLE ET VOS AMIS, VOUS ÉTABLIREZ VOTRE CH'I PERSONNEL DANS LES LIEUX.

Pour provoquer un changement radical de l'atmosphère, créez une ambiance yang pour accélérer la circulation de l'énergie et évacuer ainsi l'ancien Ch'i.

Il sera ensuite temps de faire entrer de nouvelles énergies dans la maison. L'une des manières d'y parvenir est d'organiser une grande fête pour célébrer votre arrivée. Les membres de votre famille et vos amis apporteront leurs Ch'i personnels et vous aideront ainsi à renouveler l'énergie ambiante ; plus nombreuse sera l'assistance, plus l'atmosphère sera chaleureuse. En outre, des personnes réunies pour s'amuser, écouter de la musique et danser génèrent un Ch'i positif.

Vous pouvez organiser une fête informelle en lançant vos invitations alors que la maison est encore vide ; dans ce cas, le Ch'i se déplacera plus rapidement et la soirée sera très yang. Il vous est également possible d'attendre que les pièces soient meublées et décorées pour créer une ambiance plus sophistiquée.

Après la fête, nettoyez bien les pièces afin de purifier le Ch'i. Une bonne méthode pour y parvenir est de répandre du sel de mer sur les sols le soir avant d'aller vous coucher. Balayez ou passez l'aspirateur le lendemain matin et jetez le sel.

L'AVIS DE STEVEN... Remplissez votre maison d'odeurs exotiques en cuisinant pour vos amis un ragoût épicé ou un plat au curry. Une soupe aux pommes de terre et aux carottes relevée d'épices indiennes est délicieuse avec du pain chaud fait maison et des pickles. Vous pouvez aussi servir un chili végétarien comme le ragoût de haricots rouge de la page 57, relevé de piments rouges et verts. Si votre pendaison de crémaillère se déroule en hiver, accueillez vos amis avec un vin chaud à l'autrichienne.

VIN CHAUD À L'AUTRICHIENNE Pour 6 personnes; augmentez les proportions si nécessaire. Versez 1 litre de vin rouge dans une casserole. Ajoutez 2 bâtons de cannelle, 2 cuillerées à soupe de miel, 1 orange piquée de clous de girofle, ainsi que les jus de 2 oranges et de 2 citrons. Faites cuire doucement pendant 15 à 20 minutes, sans laissez bouillir. Filtrez dans des bols chauds et servez.

SOUPE AUX LÉGUMES Pour 6 personnes environ. Elle doit sa saveur au vin, à l'ail et aux épices qu'elle comporte. Utilisez tous les légumes possible – plus ils seront variés, meilleure sera la soupe. Je vous conseille la sélection suivante : oignons rouges, citrouille, panais ou navet, céleri, pommes de terre, rutabaga, courgettes, mini-maïs, champignons, brocolis, chou-fleur, mange-tout et haricots, pour un poids total de 2 à 3 kg.

Coupez les gros légumes en morceaux de 4 cm environ. Chauffez un peu d'huile d'olive sur feu moyen dans une grande casserole. Faites revenir les oignons pendant 10 minutes environ, puis ajoutez les légumes, sauf ceux qui n'ont pas besoin d'une longue cuisson, comme les haricots, les brocolis, le chou-fleur et les mange-tout. Pressez deux gousses d'ail au-dessus de la casserole; incorporez un piment rouge épépiné et finement émincé. Laissez cuire à feu moyen pendant 10 minutes en remuant continuellement.

Ajoutez 1 litre de bouillon de légumes (voir page 150), un verre de vin rouge et 2 cuillerées à café de garam masala (voir page 149). Salez et poivrez, couvrez, et laissez frémir pendant 1 heure.

Ajoutez les légumes restants ainsi que 2 cuillerées à soupe de coriandre ciselée et laissez frémir pendant 10 minutes. Rectifiez l'assaisonnement et servez aussitôt. Vous pouvez conserver cette soupe au réfrigérateur pendant 4 jours.

BOUCHÉES AU FILO Je fourre ces bouchées avec du saumon poché et de la ciboulette, mais vous pouvez les garnir à votre convenance. Je combine parfois mozarella, tomates et basilic ou bacon et champignons, ou encore thon, maïs et mayonnaise. Vous pouvez parfaitement servir ces bouchées avec des sauces, si vous le souhaitez.

Préchauffez le four à 230 °C. Découpez 8 carrés de pâte à filo de 15 x 15 cm environ. Passez du beurre fondu sur une face à l'aide d'un pinceau. Garnissez de saumon poché (vous aurez besoin de 150 g de poisson pour 8 bouchées) et parsemez de ciboulette, puis réunissez les bords en pressant pour fermer la bouchée. Passez du beurre fondu à l'extérieur et enfournez pour 10 minutes environ.

L'ÉNERGIE BOUILLONNANTE DU FEU ET LE CH'I VIVIFIANT DE LA NATURE CARACTÉRISERONT CE REPAS QUI RÉUNIRA VOTRE FAMILLE OU VOS AMIS DANS UNE AMBIANCE BON ENFANT. LE FEU INCITE LES CONVIVES À ÊTRE PLUS OUVERTS ET LE FAIT DE MANGER DEHORS DONNE UNE MERVEILLEUSE IMPRESSION DE LIBERTÉ.

enflammez l'atmosphère d'un barbecue

L'AVIS DE SIMON... Si le temps le permet, invitez quelques amis et cuisinez, dehors, sur un vrai feu. Les aliments s'imprégneront du Ch'i rafraîchissant de la nature et vous mettront en harmonie avec le monde qui vous entoure. Plus les ingrédients seront frais, plus le Ch'i sera puissant. Cueillez vos légumes juste avant le repas si vous avez un jardin et achetez du poisson très frais si vous ne le pêchez pas vous-même.

Le type de barbecue utilisé a son influence sur le caractère de la nourriture que vous cuisinez. Un modèle en métal sera le plus yang et concentrera la chaleur. Un barbecue en briques ou en pierres sera plus yin et diffusera mieux la chaleur. Disposez les briques et les pierres pour former un four ouvert et posez dessus une grille métallique. Un trou dans le sol constituera le barbecue le plus yin. Creusez une petite cavité et posez votre grille à même le sol.

Le bois, et particulièrement les braises, est le meilleur combustible pour une cuisine légère et yin. Le charbon de bois dégage une chaleur supérieure à celle du bois, ce qui en fait un matériau plus yang. Il reste toutefois chaud plus longtemps et vous sera utile si vous avez beaucoup d'invités.

L'AVIS DE STEVEN... Les barbecues et toutes les réunions en plein air sont parmi mes plus grands plaisirs estivaux. J'organise un énorme barbecue au moins une fois par an, où j'invite tous mes amis et ma famille. Le secret d'un barbecue réussi réside dans le choix des hôtes – vous passerez du bon temps avec de bons amis. Vous avez toutes les chances de cuisiner un excellent repas car ce mode de cuisson embaume tous les aliments ; de plus, vous n'aurez que peu de travail à effectuer à l'avance.

Le poisson est idéal pour les barbecues car il cuit bien sur un feu naturel. Aspergez-le d'huile de sésame, de tournesol ou d'olive et enveloppez-le d'aluminium ménager avec des aromates et des épices. Faites-le chauffer doucement sur les braises. Lorsque vous préparez du poisson ou de la viande de cette manière, faites-les mariner au préalable pendant quelques heures, ils auront une saveur plus prononcée. Vous pouvez utiliser toutes les recettes des marinades décrites ci-dessous pour toutes sortes d'aliments, y compris les légumes qui grésilleront sur le gril.

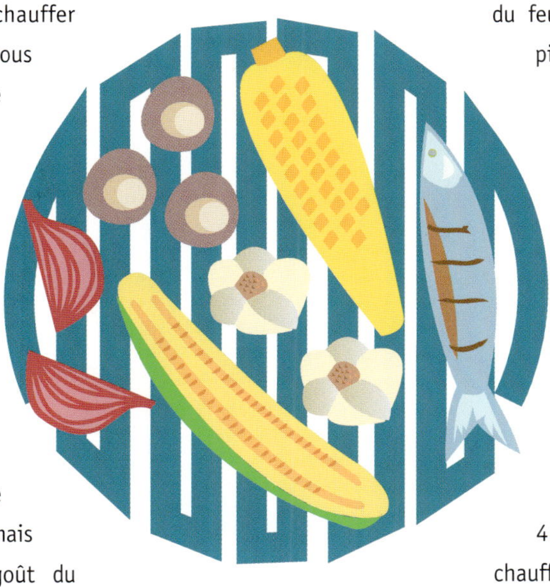

MARINADE ÉPICÉE Cette marinade convient pour la viande et le poisson, mais elle relève particulièrement bien le goût du poulet, du canard et de l'agneau. Pour la préparer, mélangez dans un saladier les ingrédients suivants : 2 cuil. à soupe de paprika, 4 piments rouges épépinés et finement émincés, 1 cuil. à café de cumin en poudre, 1 cuil. à café de graines de coriandre, 1 cuil. à café de sucre brun, 1/2 cuil. à café de moutarde en poudre, 4 cuil. à café de ketchup, 2 cuil. à soupe d'huile d'olive, sel et poivre. Versez cette marinade sur la viande ou le poisson et réservez au réfrigérateur au moins 2 heures avant la cuisson.

MARINADE AU SHOYU ET AU POIVRE NOIR Idéale pour la viande rouge, cette marinade convient également aux poissons gras comme le saumon, la truite et les sardines. Mélangez 20 cl de shoyu, 10 cl de mélasse (ou de miel liquide), 3 cuil. à soupe d'huile de sésame, 1 cuil. à café de Tabasco et 1 cuil. à soupe de poivre noir. Enduisez les aliments de cette sauce juste avant la cuisson (ne faites pas mariner) ; arrosez-en de temps en temps la nourriture pendant la cuisson.

KEBABS DE LÉGUMES J'utilise des tiges de citronnelle sur lesquelles j'enfile de petits morceaux de poivron, de courgette, d'oignon, des tomates cerises, des champignons et du céleri. Vous pouvez ajouter une feuille de laurier, mais prévenez vos invités pour qu'ils ne la mangent pas ! Arrosez vos brochettes de cette marinade pendant leur cuisson. Les gros champignons peuvent être grillés seuls, tout comme les asperges et le maïs. Le fenouil et les aubergines doivent être coupés en tranches fines et aspergés d'huile d'olive au préalable. Les épis de maïs peuvent être cuits sur le gril ou enveloppés d'aluminium et placés dans la braise. Les châtaignes constituent l'aliment rêvé pour un barbecue. Retirez-les du feu à l'aide d'une longue fourchette ou de pincettes dès que leur peau commence à se craqueler.

BROCHETTES DE FRUITS EXOTIQUES Ces merveilleuses brochettes peuvent être gardées au chaud à côté du barbecue et s'imprégner de ses arômes délicieux avant d'être servies. Vous pouvez utiliser tous les fruits exotiques, parmi lesquels la papaye, la banane, la carambole, la mangue, l'ananas, l'abricot et le tamarillo ; coupez-les en morceaux de 4 cm environ. Préparez un sirop en faisant chauffer sur feu très doux 50 g de sucre de canne, 30 cl d'eau, un bâton de cannelle, 1 brin de romarin et le jus de 2 citrons. Lorsque le sucre est complètement dissous, laissez frémir encore 5 minutes, puis retirez du feu et laissez refroidir 5 minutes. Faites ensuite mariner les fruits dans le sirop pendant 5 minutes, puis posez-les sur le gril du barbecue très chaud jusqu'à ce qu'ils prennent couleur. Enfilez-les sur des brochettes et servez immédiatement avec de la crème fraîche, du yaourt nature ou du fromage blanc.

COCKTAIL POUR BARBECUE Ce cocktail doit être très froid. Dans un pichet d'une contenance de 3 litres, mélangez 1/2 litre de vodka (préalablement frappée au réfrigérateur), 1 litre de jus de framboise, 35 cl de jus de pamplemousse fraîchement pressé (de culture biologique si possible), les jus de 6 citrons verts et de 3 oranges et 50 cl d'eau minérale pétillante. Ajoutez 2 citrons verts coupés en rondelles et beaucoup de glace. Servez immédiatement ou réservez au réfrigérateur.

dopez l'ambiance de vos soirées

N'ENCOMBREZ PAS L'ESPACE POUR QUE LE CH'I PUISSE CIRCULER LIBREMENT ENTRE VOS INVITÉS. UN CH'I RAPIDE ET RAFRAÎCHISSANT FAVORISE LA COMMUNICATION ET APPORTE DE L'ANIMATION À UNE FÊTE.

L'AVIS DE SIMON... Lorsque vous organisez une fête, choisissez soigneusement le jour où elle se déroulera. Au moment de la pleine lune, par exemple, les gens deviennent plus yang, plus ouverts et dynamiques. Si vous voulez que votre fête soit très animée, fixez la date quelques jours avant la pleine lune, car tout le monde aura l'esprit à s'amuser. Soyez toutefois prudent car les accidents sont plus fréquents durant cette période. Si vous préférez une réunion plus calme, choisissez une date autour de la nouvelle lune.

Un Ch'i rapide incite les gens à se lever pour danser, à communiquer et à se défouler. Vous pouvez accélérer le flux de Ch'i dans la pièce avec des touches de couleurs vives comme le rouge, le jaune et le pourpre, qui rendront l'atmosphère plus excitante. Décorez la pièce de fleurs éclatantes, de ballons de baudruche et de serpentins.

Les miroirs accélèrent le flux de Ch'i et réveillent l'ambiance. Ils permettent aussi d'agrandir la pièce, donnant l'impression qu'il y a davantage d'espace pour bouger. Les surfaces réfléchissantes des mobiles métalliques ou des boules suspendues éparpillent le Ch'i dans la pièce et apportent un regain d'animation. Si votre fête se déroule pendant la journée, suspendez un cristal à côté d'une fenêtre pour faire entrer le Ch'i de l'extérieur. Si vous laissez la fenêtre ouverte, la brise accentuera cet apport d'énergie nouvelle.

Les aliments yang, parmi lesquels des mets salés et secs (voir page 13), incitent les gens à se montrer plus actifs et à danser. Évitez toutefois de servir trop d'aliments yang car ils donnent soif et toutes les boissons, y compris l'alcool, sont yin. Proposez les mets salés au début de la fête et réservez les desserts pour le moment où l'ambiance sera bien animée. Si vos hôtes mangent des sucreries dès leur arrivée, ils auront tendance à s'assoupir.

Si la fête est donnée pour le nouvel an, le moment crucial se situe à minuit. Une ou plusieurs grosses horloges rappelleront à tous que l'année nouvelle approche et entretiendront un haut niveau d'excitation. Faites sonner une cloche pour renouveler le Ch'i au moment du changement d'année. Un feu d'artifice tiré à l'extérieur a le même effet.

L'AVIS DE STEVEN... J'adore la fièvre des préparatifs avant une fête – le temps passé à nettoyer la maison et à préparer les amuse-

L'AVIS DE STEVEN... J'adore la fièvre des préparatifs avant une fête – le temps passé à nettoyer la maison et à préparer les amuse-gueules avant de se retrouver entouré d'amis dans une chaleureuse atmosphère. Je prépare un buffet de mets aux goûts relevés et aux parfums exotiques qui participe à l'ambiance de frivolité de cette fête. Un grand saladier de punch achève de détendre les plus policés des invités. Pour le buffet, j'aime servir des produits de la mer accompagnés de sauces. Les crevettes frites avec leur sauce au piment vert sont parfaites (voir page 114), tout comme le tempura de crevettes sauce shoyu (voir page 77). Vous pouvez aussi proposer des oignons bhaji (voir page 113), des brochettes d'espadon (voir page 102), des sushi (voir page 80) ou des wontons garnis des mets de votre choix (voir page 40).

Je prépare mes chips pour l'apéritif en les faisant frire dans de l'huile très chaude (275 °C). Je les plonge dans la bassine à friture 3 minutes et je les sale alors qu'elles sont encore brûlantes. J'ajoute parfois des épices, comme du curry en poudre, de la noix muscade ou du piment en poudre. En hiver, je fais griller des amandes dans le four préchauffé à 200 °C. Je les saupoudre de sel ou de sucre quand elles ont encore chaudes.

Le pain à l'ail est un mets de fête facile à préparer que vous laisserez à côté du four jusqu'au moment de le faire cuire. Entaillez une baguette à espaces réguliers sans détacher les morceaux, et garnissez chaque entaille d'un mélange de beurre, d'ail pressé, d'aromates et d'un peu de sel. Enveloppez le pain de papier d'aluminium et cuisez-le au four pendant 15 minutes.

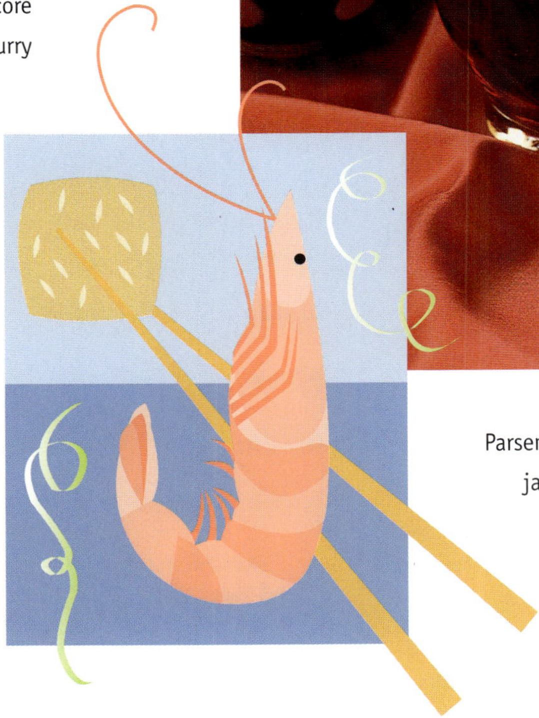

CROSTINIS AUX TOMATES Préchauffez le four à 180 °C. Coupez une baguette en 12 tranches de 2 cm d'épaisseur environ et posez-les à plat sur une plaque légèrement huilée. Arrosez-les d'huile et ajoutez un peu d'ail pressé (2 gousses pour une baguette).

Faire cuire au four pendant environ 10 minutes jusqu'à ce que le pain soit doré et croustillant. Sortez les tranches du four et posez une fine tranche de tomate sur chacune d'entre-elles. Déposez sur la tomate 1 lamelle de gorgonzolla et remettez le pain au four pendant quelques minutes, le temps de faire fondre le fromage. Parsemez de basilic ciselé et servez. Si jamais vous n'appréciez pas le fromage bleu, remplacez-le par du fromage de chèvre. Vous pouvez également garnir vos crostinis de purée d'aubergines à l'ail ou de tapenade (voir page 121).

COCKTAIL DE FÊTE Mon punch a toujours beaucoup de succès. Pour le réaliser, mélangez 6 cuil. à soupe de cognac et 4 cuil. à soupe de sucre en poudre ; laissez macérer pendant 1 heure, puis ajoutez les jus de 2 oranges et de 2 citrons, ainsi que 2 cuil. à soupe de curaçao ou de Grand Marnier. Versez ensuite 2 bouteilles de bon vin blanc ; mélangez bien et réfrigérez. Juste avant de servir, ajoutez 50 cl d'eau gazeuse, de la glace et des rondelles de citron.

prendre un bon départ un jour de mariage

L'AVIS DE SIMON... La manière dont débute un mariage a un grand impact sur son succès à long terme. Il est essentiel que le jour de la cérémonie soit placé sous les signes de l'amour et de la dignité, et que le Ch'i soit favorable à une longue union; l'atmosphère doit donc être à la fois joyeuse et festive.

UN MARIAGE EST UNE FÊTE D'UNE IMPORTANCE PARTICULIÈRE CAR IL EST LE PRÉLUDE À LA VIE D'UN NOUVEAU COUPLE. L'ÉNERGIE POSITIVE GÉNÉRÉE LORS DE LA CÉRÉMONIE INFLUENCERA LES JEUNES MARIÉS TOUT AU LONG DE LEUR VIE COMMUNE.

Une part du rituel consiste, pour le jeune couple, à réunir amis et relations pour affirmer son amour à la face du monde. Il est important que cet aspect du mariage soit souligné et respecté. En effet, le Ch'i qui préside à la cérémonie va influencer l'énergie du couple et la manière dont les deux époux vont honorer les vœux qu'ils prononcent. Il faut qu'ils soient d'humeur positive pour bénéficier du meilleur Ch'i possible.

L'endroit où se déroule la cérémonie a son importance. Un bâtiment religieux comme une église, une mosquée, une synagogue ou un temple aura une atmosphère bien particulière qui ajoutera du sens et une certaine gravité à l'événement. Le Ch'i dispensé lors de la célébration des cultes imprégnera les lieux et aura son influence sur les jeunes mariés et leurs invités. Que l'union soit civile ou religieuse, un ancien bâtiment sera porteur d'un Ch'i chargé d'histoire qui donnera une ambiance plus formelle à la cérémonie.

Un mariage dans un bâtiment moderne peut toutefois se dérouler sous l'influence d'un Ch'i plus novateur, qui peut être particulièrement bénéfique si vous considérez l'événement comme un nouveau départ.

Les mariages qui se déroulent à l'extérieur, sur une plage ou dans une prairie par exemple, ont souvent une atmosphère détendue et donnent une sensation de liberté. Dans ce cas, le temps qu'il fait a également son importance (voir page 126).

L'endroit où se déroulera la réception dépendra du nombre de vos invités. Si vous souhaitez souligner la gravité de l'engagement pris, choisissez un grand bâtiment ancien pour bénéficier d'une atmosphère yang plus formelle. Prévoyez des plats à l'avenant (voir pages 68 à 73 pour les menus formels).

Peut-être préférerez-vous un mariage à la maison, avec, éventuellement, une tente dressée dans le jardin. Ce type de réception fait entrer le jeune couple dans la famille. C'est une réunion plus intime, plus amicale, surtout si beaucoup d'enfants assistent à la fête. Une tente introduit une dimension plus éphémère, bien que l'énergie ambiante y soit naturelle. En revanche, si la réception se déroule dans le jardin, il existe un risque que les invités se dispersent. La fête peut alors devenir trop yin et manquer d'animation. Vous pouvez aisément éviter cela en dressant de subtiles frontières à l'aide de plantes ou de fleurs qui empêcheront les convives de trop s'éparpiller.

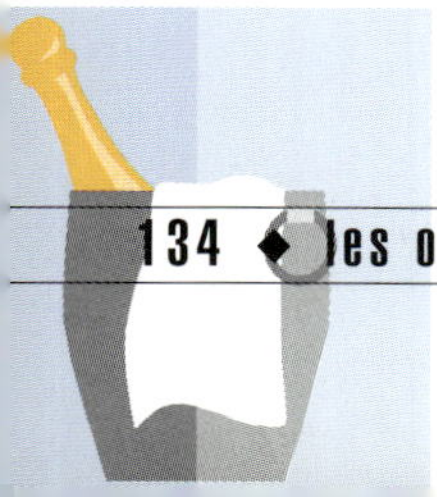

L'AVIS DE STEVEN... Ce jour, le plus important de la vie de la plupart d'entre nous, doit être parfait dans tous les domaines, y compris celui de la nourriture. J'organise chaque année de grands mariages en adaptant mes prestations aux différents couples, à leurs familles et à leurs souhaits. La qualité des aliments est essentielle et j'aime proposer de nombreux canapés pour ajouter un petit air de fête à l'événement. Si vous organisez un repas assis, vous créerez une atmosphère plus compassée, alors qu'un buffet permet aux invités de se déplacer et de sympathiser entre eux. J'aime offrir des canapés garnis de produits de la mer et autres merveilles gourmandes. Je vous propose ci-après certains de mes préférés.

Pour réalisez des canapés au hareng, aux échalotes et à la crème aigre, hachez le poisson avec l'échalote, puis ajoutez de l'aneth, du sel et du poivre. Étalez ce mélange sur des tranches chaudes de ciabatta et servez avec un peu de crème aigre.

Pour les tartelettes au homard et aux truffes, déposez des morceaux de queue de homard dans de minuscules tartelettes. Ajoutez une rondelle de truffe et un trait de citron. Préparez des rouleaux de bacon aux huîtres en enroulant chaque huître dans une tranche de bacon que vous maintiendrez avec un pique-olive. Faites frire jusqu'à ce que le bacon soit croustillant et servez avec un trait de citron.

Ébouillantez des petites tomates en grappes, ôtez-en la peau et la plus grande partie de la chair, puis garnissez-les de crabe relevé de jus de citron vert, d'un peu de crème fraîche, de sel et de poivre.

CRÉEZ UNE AMBIANCE GAIE ET CHALEUREUSE EN DÉCORANT VOTRE MAISON DE LAMPES DE FÊTE ET D'ORNEMENTS DE NOËL. VOTRE REPAS SERA PLUS ANIMÉ SI VOUS DRESSEZ LA TABLE AVEC DES COUVERTS ET DES PLATS D'ARGENT. DES SERVIETTES ET DES FLEURS ROUGES OU POURPRE RENDRONT L'ATMOSPHÈRE EXCITANTE. SI VOUS SOUHAITEZ UN REPAS PLUS CALME, CHOISISSEZ DES SERVIETTES VERTES, UNE NAPPE CRÈME ET DES FLEURS BLANCHES.

éveillez la magie de Noël

L'AVIS DE SIMON... Pour réussir votre décor de Noël, vous devez établir un équilibre entre le yin et le yang. L'or, l'argent, les couleurs pourpre et rouge renforcent l'énergie yang, surtout si les objets sont lisses et ronds, comme les boules du sapin de Noël. Si la pièce est petite, utilisez peu de décorations, ou choisissez-les avec des surfaces mates pour éviter de surcharger le Ch'i. Mélangez-les à des objets yin comme des rubans ou des meubles tapissés dans les tons crème, vert pâle ou bleu clair qui créeront chaleur et harmonie. Trop de couleurs yang très vives rendront la pièce trop stimulante, augmentant les risques de tension ; trop peu induisent un risque de stagnation et l'ambiance deviendra morne.

Les arbres de Noël ont une forme yang qui stimule d'atmosphère d'une pièce. Si vous souhaitez introduire un peu de douceur, utilisez des décorations en tissu de couleurs neutres, comme des rubans crème, ou des ornements en paille ou en bois. Choisissez un sapin dont la taille corresponde aux dimensions de votre pièce. Un arbre trop grand écrasera le décor et il vous sera assez difficile de vous détendre.

Les meilleures positions pour l'arbre sont le nord, l'est, le sud-est et le sud de la pièce. Les éléments associés à ces directions – ce sont respectivement l'eau, l'arbre, l'arbre encore et le feu – correspondent le mieux à l'énergie du sapin.

Des bougies ou des guirlandes électriques apportent une énergie positive pour Noël, créant un éclairage intime, chaud et magique. Soyez prudent avec les bougies, notamment si vous en garnissez votre arbre.

De manière générale, les gens ont tendance à montrer une humeur irritable lorsqu'ils sont dans une pièce trop encombrée. Évitez ce risque en dégageant l'espace au maximum. Demandez à quelqu'un de vous aider à nettoyer et aérez bien la pièce. Si vous sentez que vos invités commencent à s'énerver tout de même, proposez à tout le monde de sortir marcher un peu.

LE REPAS DE NOËL

Si vous voulez que la fête soit parfaitement réussie, Installez vos invités autour d'une table ronde ou ovale, de préférence aux bords arrondis.

Évitez tout particulièrement d'asseoir quelqu'un à proximité directe d'un angle en saillie – cette personne se sentirait mise à l'écart. Placez vos convives en tenant compte de leur personnalité (voir page 67). Ceux qui ont tendance à se montrer bruyants ou qui s'excitent facilement doivent, par exemple, être assis face au nord pour bénéficier de l'énergie paisible de cette direction. Les personnes timides gagneront à être installées face au sud pour se mêler plus facilement à la conversation.

Une nourriture riche en graisses et en sucres ajoutés irrite la vésicule biliaire; essayez d'adapter les traditionnels plats de Noël pour que vos invités ne se sentent pas de mauvaise humeur et fatigués une heure ou deux après le repas. En premier lieu, servez beaucoup de légumes verts pour équilibrer le dîner; ensuite, proposez radis, vinaigre, citron et pickles pour faciliter la digestion des graisses et évitez surtout d'ajouter des sucres raffinés dans les desserts; enfin, n'abusez pas des toasts – trop d'alcool n'est pas bon pour le foie.

L'AVIS DE STEVEN... Noël est célébré de bien des manières à travers le monde : les Français raffolent des huîtres, les Anglais adorent la volaille, et les Italiens mangent le panettone, sorte de gâteau aux fruits secs. Pour ma part, j'aime servir une oie ou une autre volaille le jour de Noël – c'est souvent le seul repas traditionnel que je prépare dans l'année. Cependant, un repas placé sous le signe du Feng Shui se doit d'être sain, et Simon reconnaît qu'il partage un saumon poché avec sa famille à cette occasion.

Ce plat est facile à préparer si vous disposez d'une grande poissonnière. Mettez votre poisson entier dans cette dernière et couvrez-le d'eau froide. Ajoutez du sel, du poivre en grains, quelques tranches de citron et un bouquet garni. Portez à ébullition

sur feu moyen (de 5 à 10 minutes selon la taille du poisson), puis éteignez le gaz. Laissez le saumon dans sa poissonnière jusqu'à ce que l'eau soit complètement froide (soit environ pendant 2 heures), il sera cuit à la perfection. Décorez de rondelles de concombre et servez avec une sauce au yaourt, au citron et à la coriandre.

Si vous n'êtes pas assez nombreux pour manger un saumon entier, achetez des filets de saumon et faites-les revenir à la poêle dans de l'huile d'olive avec un peu d'ail pressé. Cuisez les filets pendant environ 5 minutes de chaque côté, puis versez le jus d'un citron sur chacun d'entre eux juste avant qu'il ne soit prêt. Servez sur un lit d'épinards avec une sauce à la crème fraîche, au citron et à l'aneth.

les dîners à l'extérieur 5

Lorsque vous mangez à l'extérieur, vous n'avez pas les mêmes moyens de contrôler le Ch'i que quand vous préparez vous-même le repas. Il est donc très important de bien choisir votre restaurant. Le décor, l'aménagement et la situation d'un établissement, la nourriture qui y est servie et le personnel qui y est employé ont le pouvoir d'affecter votre Ch'i personnel. Le type de restaurant que vous choisirez pour un dîner avec un important client ne conviendra pas forcément pour un anniversaire ou un bruyant déjeuner en famille. Nous vous indiquons, dans les pages suivantes, comment faire le bon choix.

choisir le bon restaurant

C'EST TOUT UN ART QUE DE SÉLECTIONNER UN RESTAURANT : VOUS DEVEZ TROUVER L'ENDROIT QUI POSSÈDE LE MEILLEUR CH'I POSSIBLE POUR L'OCCASION. POUR RENOUER AVEC UN VIEIL AMI, PAR EXEMPLE, CHOISISSEZ UN ÉTABLISSEMENT À L'ATMOSPHÈRE YIN OÙ VOUS POURREZ PRENDRE VOTRE TEMPS ET BAVARDER TOUT VOTRE SAOUL SANS ÊTRE DÉRANGÉ. FAITES DE CHAQUE REPAS UN SUCCÈS...

L'AVIS DE SIMON... Pour décider où réserver une table, vous devez d'abord réfléchir au genre de Ch'i qui vous sera bénéfique. Tout dépend de l'occasion, du nombre de convives et du moment de la journée. Vous devez ensuite vous demander quel type de restaurant vous sera le plus favorable, en prenant en compte des critères tels que la taille, l'emplacement, le mobilier, la clientèle et la nourriture. Enfin, il vous restera à prendre votre décision ! Vous trouverez ci-après quelques trucs pour choisir le bon restaurant en toutes circonstances.

Un grand dîner destiné à célébrer un événement particulier demande généralement un restaurant formel. Choisissez une auberge de campagne avec une prestigieuse liste des vins, ou un petit restaurant de ville doté d'une excellente réputation. Un bâtiment ancien ou historique renforce le Ch'i, et possède une atmosphère traditionnelle, surtout si le restaurant existe depuis de nombreuses années. Portez votre attention sur les détails, comme la présence de chandeliers en or ou en argent, le linge de table, la vaisselle, etc., qui renforcent l'énergie du métal et le prestige du restaurant. Les chandeliers de cristal éparpillent le Ch'i dans la salle et apportent une énergie vivifiante, tout comme les miroirs, et notamment ceux qui possèdent un cadre ouvragé. Les restaurants hauts de plafond abritent un Ch'i qui se déplace verticalement et sont propices aux conversations inspirées comme à l'émission de grandes idées. L'atmosphère n'y incite guère au sentimentalisme et reste assez compassée.

Un restaurant plus intime conviendra mieux à un dîner à deux, pour un anniversaire, par exemple. Un décor douillet et des meubles capitonnés vous offriront un cadre yin idéal pour vous détendre. Les couleurs pastel comme le rose, le bleu pâle ou le vert clair rendent l'atmosphère plus yin. Un plafond bas peut favoriser un déplacement horizontal du Ch'i qui véhicule ainsi les idées, les pensées et les sentiments d'une personne à l'autre, facilitant la compréhension mutuelle et l'expression des émotions.

Pour les repas d'affaires, vous avez besoin d'un mélange d'énergie yang et du confort de l'énergie yin qui vous permettra de rester calme et détendu. Certains restaurants modernes savent parfaitement créer cette ambiance, offrant à la fois des plats contemporains et traditionnels superbement présentés dans un cadre raffiné. Le décor mêle souvent les surfaces lisses et métalliques, très yang, aux matières douces et aux tons neutres. Beaucoup de restaurateurs s'inspirent aujourd'hui des préceptes du Feng Shui pour aménager leurs établissements. Les convives y échangent leurs idées avec plus de facilité.

Un dîner au restaurant entre amis est une excellente manière de se détendre. La soirée sera réussie si vous choisissez un endroit animé, dominé par une énergie yang incitant au dynamisme. Une bonne idée est de partager des plats chinois encore grésillants disposés au milieu de la table sur un plateau tournant pour accroître les mouvements du Ch'i. Vous pouvez également choisir un établissement très fréquenté où le bruit des autres dîneurs activera le Ch'i ambiant. Ce type d'endroit vous aidera à vous montrer plus sociable et à communiquer plus facilement. Les repas sur le pouce exigent un autre type de restaurants. Les cafés, brasseries et fast-food proposent tous des formules rapides. Avec leurs lumières vives, leurs surfaces lisses et leurs couleurs nettes, les fast-foods ont des ambiances très yang. Le décor est conçu pour vous inciter à consommer le plus rapidement possible afin de laisser la place à un nouveau client. Beaucoup de personnes trouvent ces endroits trop yang pour apprécier la nourriture et préfèrent l'atmosphère des cafés ou des brasseries.

UN ESPACE YANG ET DYNAMIQUE AVEC DE HAUTS PLAFONDS, BIEN ÉCLAIRÉ, CRÉE UN ENVIRONNEMENT STIMULANT POUR UNE SOIRÉE ANIMÉE.

UN RESTAURANT CONFORTABLE AUX PLAFONDS BAS EST IDÉAL POUR UN DÎNER À DEUX. CHOISISSEZ-LE À LA CAMPAGNE SI VOUS SOUHAITEZ VRAIMENT VOUS DÉTENDRE.

Le petit-déjeuner se déroule à un moment de la journée associé à l'énergie de l'arbre. Prenez-le si possible dans un endroit pourvu de hauts plafonds, ensoleillé et décoré de plantes vertes qui rafraîchissent le Ch'i. Une table dressée sur une terrasse ou dans un jardin vous inspirera de nombreuses idées neuves. Le petit-déjeuner est le moment idéal pour dresser des plans pour la journée ou pour ébaucher de nouveaux projets. Installez-vous face à l'est pour bénéficier du soleil levant qui vous apporte un Ch'i très positif pour la matinée.

PETIT-DÉJEUNER

Ces établissements offrent, la plupart du temps, une ambiance qui est plus traditionnelle, plus confortable et un décor sans prétention qui vous engage à vous attarder.

Trouver le bon restaurant pour un déjeuner en famille est essentiel si l'on ne veut pas terminer le repas à bout de patience. Les enfants réagissent généralement très vite à un nouvel environnement. Un endroit suffisamment vaste, avec de hauts plafonds et des espaces ouverts semble constituer le bon choix.

Les enfants, quant à eux, aiment à être occupés et stimulés ; les restaurants animés où ils ont mille choses à voir et à commenter leur plaisent généralement.

Certains établissements possèdent des zones réservées aux jeux ou proposent à leurs jeunes clients des dessins à colorier ou des puzzles. Parmi les autres distractions, les enfants adorent les aquariums et les objets mouvants comme les mobiles et les carillons. Enfin, les plantes ont pour effet de calmer les esprits des grands et des petits.

Le déjeuner est associé à l'énergie du feu. Choisissez un restaurant bien éclairé, décoré de couleurs vives, avec un service enjoué. Un déjeuner entre collègues ou entre amis doit être détendu, ponctué de rires et d'anecdotes. Un repas avec un client demande une atmosphère plus sérieuse et un service efficace. Les hauts plafonds et la présence de verre dans le décor permettent d'avoir une conversation rapide, ne portant pas sur des sujets personnels. Si vous souhaitez mieux connaître votre interlocuteur, préférez un restaurant plus yin, avec un décor plus douillet.

DÉJEUNER

L'AMBIANCE

L'atmosphère du restaurant et le plaisir que vous prendrez à votre repas peuvent être affectés par la présence des autres clients. Chaque type d'établissement a tendance à attirer une clientèle particulière. Une brasserie animée dotée d'un décor moderne et d'une carte « branchée » attirera une clientèle jeune, alors qu'un environnement calme et raffiné conviendra mieux à des personnes plus âgées. Si vous le pouvez, renseignez-vous à l'avance quant au type de clientèle qui fréquente le restaurant de votre choix ; vous risquez sinon d'emmener l'un de vos clients dans un endroit plein de couples d'amoureux !

La musique et les bruits de fond ont un effet particulièrement important sur l'ambiance. Une musique douce peut ainsi vous mettre à l'aise, mais méfiez-vous des restaurants où la musique est forte ou très rythmée, car l'atmosphère y est très yang. Cela peut troubler votre digestion et vous détourner du plaisir de prendre votre repas.

Si le bruit de fond est trop important, vous risquez d'être obligé de crier pour vous faire entendre.

D'un autre côté, si le calme règne au point d'entendre tomber une épingle, il peut être difficile d'avoir une conversation privée. Il en est de même si les tables sont trop proches les unes des autres.

Il semble donc qu'une musique plutôt douce ou le bruit de l'eau constituent de bons bruits de fond, qui vous isolent des bavardages tout en empêchant vos voisins de suivre toutes vos conversations.

LE SERVICE

L'équipe qui assure le service a une grosse influence sur la manière dont vous appréciez votre environnement.

Un service amical, détendu et quelque peu familier est très agréable lors d'une sortie entre amis, mais il peut vous importuner lors d'un dîner intime où vous souhaitez vous concentrer sur votre partenaire.

Un service stylé est parfait pour une grande occasion, bien qu'il puisse sembler un peu trop protocolaire à certains.

En règle générale, une équipe rapide vous incite à manger plus vite ; un service relativement lent est préférable si vous voulez profiter de votre repas.

DÎNER

Si vous dînez avec des amis avant le théâtre ou une autre distraction, vous choisirez sans doute un endroit simple au service rapide, comme une brasserie ou un bistrot. Les lumières vives, les grandes vitres et les matériaux accélèrent le flux de Ch'i et vous stimuleront.

Le bois naturel renforce le Ch'i de l'arbre qui favorise la rapidité intellectuelle et vous permettra de vous concentrer durant la soirée.

Si les tables sont alignées, l'atmosphère vous aidera à rester alerte et prêt à agir.

SOUPER

Un souper après le spectacle est le prétexte idéal pour un repas intime.

La nuit est associée au Ch'i de l'eau qui vous rend calme et affectueux. Choisissez un restaurant yin aux plafonds bas qui vous aideront à vous rapprocher l'un de l'autre et à mieux vous comprendre.

Des lumières tamisées ou des bougies sur les tables, des sièges confortables et un décor yin original favoriseront les confidences. Un restaurant en sous-sol ou pourvu de box séparés jouira d'une atmosphère intime qui vous permettra d'exprimer vos sentiments.

L'EMPLACEMENT

Chaque restaurant possède un Ch'i différent en fonction de l'endroit où il est situé et de son environnement. Ainsi, le flux de Ch'i est-il rapide le long d'une rue animée et il stimulera celui d'un restaurant riverain, rendant son atmosphère plus yang.

Si le restaurant est situé face à une route – au centre d'un carrefour en T ou dans une fourche, par exemple –, le flux de Ch'i circulera très rapidement dans la salle et vous serez trop yang pour tirer plaisir de votre repas. Le problème est le même dans les restaurants installés près d'une bretelle d'autoroute ou d'un rond-point. Vous devez également vous montrer prudent si l'angle d'un autre bâtiment est pointé vers le restaurant; cela induit une circulation chaotique du Ch'i qui rend l'atmosphère inconfortable.

CHOISISSEZ UN RESTAURANT EN PLEIN AIR SI VOUS SOUHAITEZ QUE LE CH'I VOUS AIDE À PENSER DE MANIÈRE PLUS LIBRE. MANGEZ À L'INTÉRIEUR SI VOUS DÉSIREZ UNE AMBIANCE PLUS YIN QUI FAVORISE LES CONVERSATIONS INTIMES ET PROFONDES.

D'une manière générale, un restaurant situé dans une zone urbaine est plus animé et possède une atmosphère yang, alors qu'un établissement de campagne est plus calme. En centre ville, la présence de nombreux restaurants a parfois une influence sur les prix pratiqués et la qualité des plats.

Un restaurant situé au bord d'une rivière, à côté d'un lac ou à la plage vous apportera une sensation de bien-être grâce aux pouvoirs positifs du Ch'i de l'eau. L'eau courante crée un environnement yang et véhicule un Ch'i stimulant qui vous revitalisera. L'eau dormante d'un lac vous fera bénéficier d'une énergie plus yin. Vous profiterez d'autant plus des bienfaits de l'eau si le restaurant est installé dans un bateau. Enfin, un établissement construit en bordure de plage vous permettra d'admirer la mer en plein midi ou au coucher du soleil.

Si vous voulez vous montrer indépendant et objectif, choisissez un restaurant situé en haut d'un grand immeuble. Cette situation le place sous l'influence d'un Ch'i vertical qui vous permettra de vous détacher des contingences et de voir le monde sous un autre angle. C'est le moment de dresser un bilan de votre vie et de faire des plans pour le futur. Ces endroits sont parfaits pour fêter le nouvel an ou les anniversaires.

Un restaurant installé dans une cave ou partiellement en sous-sol produit un Ch'i plus sécurisant qui peut vous être utile si vous n'êtes pas sûr de vous ou avez besoin de réconfort. Le Ch'i y circule lentement, à l'horizontale, et vous permet de rationaliser vos émotions avant de les exprimer. Il existe cependant un risque de stagnation du Ch'i et vous risquez de devenir léthargique.

Si vous mangez dans un jardin ou sur une terrasse, vous serez sous l'influence des conditions climatiques (voir page 126) et du Ch'i naturel de l'extérieur. Cela ne constitue pas un avantage dans un groupe, car le Ch'i circule librement et risque de disperser les convives.

LINGE DE TABLE

LE LINGE DE TABLE PEUT GRANDEMENT ALTÉRER L'ÉQUILIBRE YIN-YANG D'UNE PIÈCE. Les serviettes et nappes épaisses dans les tons pastel ralentissent le flux de Ch'i et créent une atmosphère yin plus relaxante. Les nappes et serviettes en papier rendent l'ambiance plus yang et incitent les clients à manger rapidement.

COULEURS

DANS UN ESPACE AUX COULEURS TRANCHÉES, comme un fast-food, le flux de Ch'i se déplace très rapidement et il est difficile de se détendre. Les murs uniformément blancs sont également yang car ils réfléchissent l'énergie de la pièce. Le crème, le rose, le vert clair et le bleu ciel sont des couleurs yin, tout comme le noir mat qui absorbe la lumière. il réduit la puissance du Ch'i et vous aide à vous détendre.

AGENCEMENT

UN RESTAURANT BIEN AGENCÉ, où les tables sont disposées en rangées et l'espace bien ordonné est yang. L'équipe de service se déplace en ligne droite et s'occupe rapidement des clients. Un agencement yin comporte des tables disposées de manière irrégulière entre lesquelles les serveurs évoluent.

MATÉRIAUX

LES SURFACES PLANES, LISSES ET DURES comme le marbre, la pierre et le bois poli accélèrent le Ch'i, créent une ambiance yang et favorisent les discussions rapides et animées. Si le restaurant possède davantage de surfaces souples ou texturées, comme les moquettes, tapis ou nattes, le Ch'i sera plus yin et moins actif. Vous vous sentirez en sécurité et vous concentrerez plus facilement sur un seul sujet.

ÉCLAIRAGE

SI VOUS CHERCHEZ UNE ATMOSPHÈRE CALME, choisissez un restaurant avec des lampes ou des bougies posées sur la table. Si vous souhaitez un décor plus yang et dynamique, la lumière directe des lampes à halogène renforcera le Ch'i et animera votre repas. Les plafonds blancs réfléchissent la lumière et peuvent décupler l'effet d'une lampe. Les murs de couleurs pâles sont plus yin.

apprendre à choisir le menu

L'AVIS DE STEVEN... C'est le menu qui fait le restaurant; son emplacement et son décor peuvent être parfaits, si la nourriture est médiocre, l'établissement n'aura pas de succès. Cela ne signifie pas obligatoirement que le menu doit être particulièrement original; il suffit que les aliments soient de première qualité, frais et de saison. J'ai moi-même besoin de savoir que les ingrédients dont je me sers sont exempts d'additifs, de substances génétiquement modifiées et autres produits chimiques. Utilisez le plus souvent possible des produits biologiques ou que vous cultivez vous-même.

Aujourd'hui, beaucoup de restaurants garantissent ne se servir que des ingrédients naturels qui donnent un arôme incomparable à des plats souvent novateurs, d'une grande saveur. La recherche de l'équilibre entre le yin et le yang dans la cuisine est devenue de plus en plus courante, notamment dans les restaurants asiatiques. Travailler avec la nature signifie aussi travailler avec les saisons. Quand je concocte un menu, je m'enferme dans mon bureau, je ferme les yeux et je réfléchis en fonction de la période de l'année. Mon but est de sélectionner les aliments alors qu'ils sont au meilleur de leur goût. Le printemps est idéal pour l'agneau, certains légumes, les premières asperges, les aromates et les aliments légers et frais. L'été voit la maturité des fraises et des cerises, les premiers petits pois dans leurs cosses, les tomates bien mûres et les salades croquantes. L'automne apporte sa récolte de pommes et de poires, de prunes, de reines-claudes, de mûres sauvages, de maïs et de légumes-racines bons à rôtir. En hiver vient le temps des ragoûts bien chauds, des soupes épaisses, du gibier, des châtaignes, des desserts roboratifs, des noix et des fruits secs de Noël.

Ma méthode consiste à regarder dehors et essayer de « sentir » chaque saison pour créer des plats qui mettent le corps en harmonie avec l'environnement.

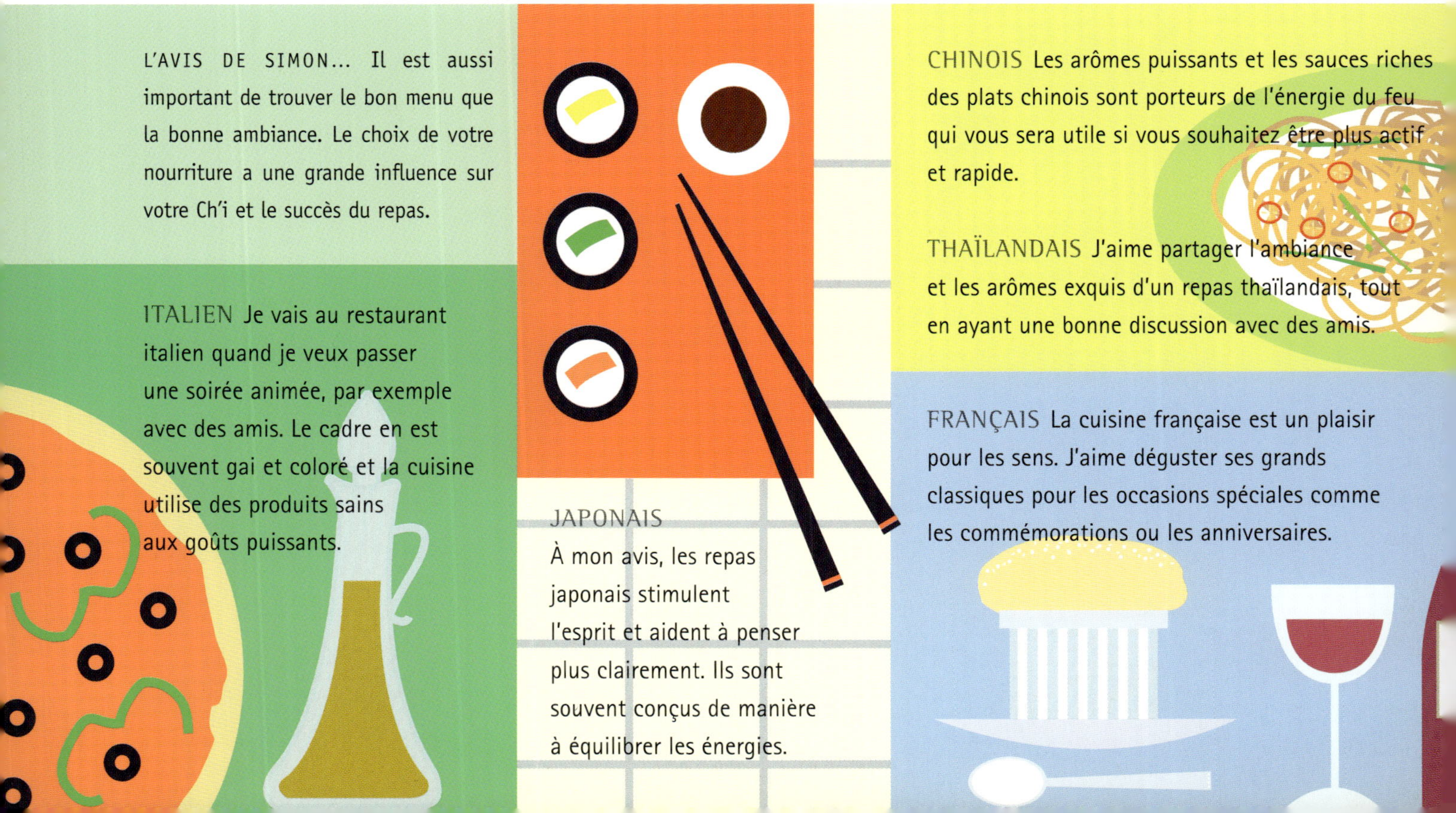

L'AVIS DE SIMON... Il est aussi important de trouver le bon menu que la bonne ambiance. Le choix de votre nourriture a une grande influence sur votre Ch'i et le succès du repas.

ITALIEN Je vais au restaurant italien quand je veux passer une soirée animée, par exemple avec des amis. Le cadre en est souvent gai et coloré et la cuisine utilise des produits sains aux goûts puissants.

JAPONAIS
À mon avis, les repas japonais stimulent l'esprit et aident à penser plus clairement. Ils sont souvent conçus de manière à équilibrer les énergies.

CHINOIS Les arômes puissants et les sauces riches des plats chinois sont porteurs de l'énergie du feu qui vous sera utile si vous souhaitez être plus actif et rapide.

THAÏLANDAIS J'aime partager l'ambiance et les arômes exquis d'un repas thaïlandais, tout en ayant une bonne discussion avec des amis.

FRANÇAIS La cuisine française est un plaisir pour les sens. J'aime déguster ses grands classiques pour les occasions spéciales comme les commémorations ou les anniversaires.

Pour satisfaire toutes les exigences, chaque menu doit tenir compte du type de clientèle qui fréquente le restaurant et de l'expérience gastronomique de celle-ci.

Une ancienne auberge de campagne réputée pour ses dîners d'amoureux demande des plats classiques comme un turbot vapeur, un soufflé de sole ou un saumon sauvage poché. Les clients viennent à cet endroit pour l'ambiance confortable et les plats d'une qualité irréprochable qui y sont servis.

LES PLATS D'UN MENU DOIVENT RÉPONDRE AUX ATTENTES DE LA CLIENTÈLE ET CORRESPONDRE AU STYLE DU RESTAURANT.

Le restaurant que je possède à la campagne propose, quant à lui, une carte des plus élaborées qui fait de chaque repas une fête.

À l'inverse, une brasserie en ville accepte des plats plus spectaculaires comme le filet d'aloyau au feu de bois, les calmars frits ou la friture de crevettes avec ses sauces. Mon second restaurant est une de ces brasseries modernes avec la cuisine ouverte sur la salle et j'adore mettre au menu des plats frits ou flambés dont les puissants arômes envahissent les lieux.

INDIEN De tradition végétarienne, la cuisine indienne offre une grande variété de savoureux plats de légumes qui ne nuisent pas à la santé. Les aliments sont stimulants et peuvent vous rendre plus sensible aux émotions et plus expressif.

GREC Les restaurants grecs ont souvent une ambiance familiale très chaleureuse et les enfants y sont les bienvenus. La cuisine grecque est idéale pour rassembler une famille autour d'un repas.

MACROBIOTIQUE Les repas sont organisés autour de céréales, de légumes et d'oléagineuses. C'est le meilleur des régimes, à condition que les produits soient biologiques et préparés avec soin.

RESTAURANTS DE POISSON Les meilleurs d'entre eux sont situés au bord de la mer où le poisson est de première fraîcheur. Un repas de poisson vous aidera à vous sentir plus fort et plus yang.

annexes

Les ingrédients exotiques sont, pour la plupart, disponibles dans les supermarchés, mais vous devrez vous procurer les autres dans les magasins de produits asiatiques.

La citronnelle séchée ne vaut pas la fraîche. Coupez-la en petits morceaux ou froissez les tiges entre vos doigts pour libérer son arôme.

Les choux chinois à grosse pomme allongée se trouvent facilement sur les marchés. Préférez pour ces recettes les choux à feuilles vertes.

La crème de soja est vendue en briques dans les magasins de produits naturels et diététiques.

Le miso, purée de haricots de soja salés et fermentés, est un produit japonais vendu dans les magasins de produits asiatiques.

La mizuna est une variété de moutarde à longues feuilles dentelées ; vous pouvez la remplacer selon les cas par de la roquette ou du cerfeuil.

Le tahini est une pâte de sésame que l'on trouve dans les magasins de produits orientaux.

Le tamarillo est le fruit de l'« arbre à tomates », à peau rouge épaisse, à la pulpe ferme et juteuse, orangée, d'environ 6 cm de long. On se le procure dans les épiceries fines.

Le radis asiatique, connu sous les noms de mooli ou de daikon, est un gros légume blanc à la saveur fraîche. Vous pouvez le râper dans les salades, le faire revenir à l'huile ou le conserver en saumure (voir page ci-contre). Si vous ne parvenez pas à en trouver, utilisez des radis ordinaires.

ÉPICES ET CONDIMENTS

cinq-épices (chine), sept-épices (Japon)

Le cinq-épices est constitué d'anis étoilé, de clous de girofle, de graines de fenouil, de cannelle et de poivre de Szechuen. Le sept-épices est composé de piment, de graines de moutarde, de nori, de graines de pavot, de feuilles de sansho, de graines de sésame et d'écorce de mandarine. Utilisez-les lavec la volaille et le poisson.

nori

Couramment utilisé en cuisine japonaise, le nori est une algue vendue en feuilles souvent déjà grillées. On s'en sert pour confectionner les sushi ou l'on en parsème les plats de riz ou de nouilles.

sauce hoisin

Elle est fabriquée à partir de haricots de soja fermentés, de jus de citron, d'ail, d'épices et de vinaigre. On la trouve facilement dans les grands supermarchés.

garam masala

Le garam masala est un puissant mélange d'épices. Vous en préparerez environ 5 cuil. à soupe en moulant ensemble :

3 cuil. à s. de graines de cardamone
3 morceaux de cannelle de 2,5 cm
1 cuil. à café 1/2 de graines de cumin
1/2 cuil. à soupe de poivre noir en grains
1/2 cuil. à café de clous de girofle
le quart d'une noix muscade

wasabi

On trouve rarement des racines fraîches de wasabi en dehors du Japon, mais le wasabi en poudre ou en tube est courant. De teinte verte et de goût piquant, le wasabi accompagne les sushi, le tempura et beaucoup d'autres plats.

mirin

Vin de riz japonais qui apporte une saveur délicate aux sauces et aux bouillons.

safran

Les stigmates du safran ont un arôme riche et subtil. C'est une épice relativement chère mais elle parfume merveilleusement les sauces.

GARNITURES ET PICKLES

légumes et aromates frits

Ces garnitures très parfumées peuvent être préparées avec un légume comme la carotte, le poireau, la betterave, le céleri rave ou le navet, mais aussi à partir d'un aromate comme le basilic, la coriandre, la sauge, le thym ou le romarin. Hachez finement le légume choisi de façon à en obtenir 1 cuil. à soupe par personne ; s'il s'agit d'un aromate, émiettez-le ou séparez-en les feuilles. Chauffez de l'huile à 175 °C. Faites frire le légume pendant 30 secondes (jusqu'à ce qu'il prenne légèrement couleur) ou l'aromate pendant 5 secondes. Retirez immédiatement de l'huile et égouttez. Assaisonnez de sel, de poivre et de gingembre râpé sans laisser refroidir.

pickles de jalapeño

Le jalapeño est un piment assez doux, originaire de la région de Jalapeño, au Mexique. Portez à ébullition 10 cl de vin blanc, 10 cl de vinaigre de vin blanc et 5 cl de miel, ajoutez 2 gousses d'ail

et laissez refroidir. Versez ce liquide dans un bocal hermétique, ajoutez 8 jalapeños et fermez. Réservez pendant 48 heures. Ce pickle se conserve 8 semaines au frais.

pickles de légumes

Je fais volontiers mariner des carottes, des poireaux, du mooli et des champignons, mais vous pouvez préparer des pickles avec n'importe quel légume. Mélangez 10 cl de vinaigre de vin blanc, 10 cl de vin blanc et une cuil. à soupe de sirop de riz. Coupez environ 500 g de légumes à la taille désirée, mettez-les dans une casserole et versez dessus la marinade. Portez à ébullition sur feu moyen, puis retirez immédiatement du feu, égouttez et réfrigérez.

BOUILLONS ET SAUCES

bouillon de légumes

Un bon bouillon de légumes apporte toujours du caractère aux sauces et aux ragoûts. Cette recette vous permet de confectionner environ 1,75 litre de bouillon que vous pourrez conserver 4 jours au réfrigérateur dans un récipient hermétique. Vous pouvez également le congeler, à condition de le filtrer au préalable.

2 oignons hachés
1 poireau haché
3 côtes de céleri hachées
2 carottes hachées
2 citrons non traités, coupés en rondelles
1 tête d'ail coupée en deux dans le sens transversal
2 anis étoilés
6 grains de poivre noir
environ 1,5 litre d'eau froide
2 cuil. à soupe de coriandre ciselée
1 cuil. à soupe de thym émietté
25 cl de vin blanc sec
sel et poivre noir du moulin

Mettez tous les légumes, le citron, l'ail, l'anis étoilé et les grains de poivre dans une grande casserole. Couvrez d'eau froide et portez à ébullition sur feu moyen. Ajoutez ensuite la coriandre, le thym et le vin. Retirez du feu, laissez refroidir et réfrigérez. Filtrez votre bouillon et assaisonnez-le avant de l'utiliser.

bouillon au miso

Mettez 1 cuil. à soupe du légume râpé de votre choix dans une casserole ainsi qu'un morceau de 5 cm de kombu ou de wakame (ces algues sont vendues dans les magasins de produits diététiques). Couvrez d'un litre d'eau, portez à ébullition et laissez frémir pendant 20 minutes. Retirez du feu et incorporez 3 cuil. à café de miso.

fumet de poisson

Un bon fumet de poisson est plein d'arômes. Pour le réussir, vous devez limiter le temps de cuisson au minimum. Cette recette vous permet d'obtenir environ 1 litre de fumet.

1/2 cuil. à soupe d'huile de pépin de raisin
1 oignon haché
1 poireau haché
4 côtes de céleri haché
1/2 tête d'ail coupée en deux dans le sens transversal
1 petit fenouil haché
environ 250 g d'arêtes de poisson concassées
75 cl de vin blanc sec
environ 1,5 litre d'eau
sel et poivre blanc
2 cuil. à soupe de fines herbes au choix

Chauffez l'huile dans une casserole sur feu doux et faites revenir les légumes pendant 5 minutes. Ajoutez les arêtes de poisson et mélangez bien. Versez ensuite le vin et suffisamment d'eau froide pour couvrir les légumes. Portez à ébullition sur feu moyen, puis réduisez le feu. Écumez. Laissez frémir doucement pendant 25 minutes en écumant de temps en temps.

Retirez du feu et versez le fumet dans une autre casserole à travers une fine passoire. Remettez sur feu moyen et laissez bouillir jusqu'à ce que le liquide ait réduit de moitié pour bien concentrer les arômes. Salez, poivrez et ajoutez les fines herbes ciselées.

Vous pouvez laisser légèrement refroidir, puis ajouter 2 à 3 cuil. à soupe de crème fraîche ou de yaourt nature.

bouillon de poulet ou de gibier

Cette recette permet d'obtenir environ 1 litre de bouillon.

3 kg d'os de poulet ou de gibier, concassés
60 g de miel
1 cuil. à soupe d'huile de pépin de raisin
4 carottes pelées et hachées
2 oignons coupés en deux
4 côtes de céleri hachées
1 tête d'ail coupée en deux dans le sens transversal
1 poireau haché
environ 50 g de tomates mûres, grossièrement hachées
environ 1,5 litre d'eau
1 litre de vin rouge
1 cuil. à soupe de thym émietté
1 feuille de laurier
6 grains de poivre
sel et poivre noir du moulin

Préchauffez le four à 230 °C. Étalez les os sur une plaque de cuisson et couvrez-les de miel. Faites-les rôtir au four pendant 30 à 40 minutes environ en les retournant de temps en temps, jusqu'à ce qu'ils soient brun-doré. Chauffez l'huile sur feu moyen dans une grande casserole et faites revenir les légumes pendant 5 minutes. Ajoutez les tomates et assez d'eau pour couvrir les légumes. Portez à ébullition sur feu moyen, puis ajoutez les os rôtis. Écumez. Réduisez le feu et laissez frémir jusqu'à ce que le liquide ait réduit de moitié (pendant plusieurs heures). Versez le bouillon dans une autre casserole à travers une passoire fine et remettez sur feu vif. Ajoutez le vin rouge et laissez réduire de moitié à nouveau. Goûtez, puis ajoutez les aromates, du sel et du poivre. Transférez le bouillon dans un récipient propre et réservez toute la nuit ou pendant au moins 6 heures pour le laisser refroidir. Raclez ensuite la surface pour enlever toute trace de gras. Vous pouvez conserver ce bouillon pendant 4 jours au réfrigérateur dans un récipient hermétique, ou 6 mois au congélateur.

bisque de homard

Cette soupe légèrement crémeuse se prépare avec des carapaces de homards, de crevettes ou même de crabes. Cette recette permet d'obtenir environ 1 litre de bisque.

3 carapaces de homard (environ 400 g)
1/2 cuil. à soupe d'huile de pépin de raisin
2 poireaux hachés
2 carottes hachées
4 côtes de céleri hachées
1 oignon moyen, émincé
8 tomates coupées en quartiers
1/2 tête d'ail coupée en deux dans le sens transversal
1 cuil. à soupe d'estragon ciselé
1 cuil. à soupe de persil ciselé
environ 1,5 litre de fumet de poisson ou d'eau
1/2 litre de vin blanc sec
15 cl de crème fraîche épaisse (facultatif)
sel et poivre noir du moulin

Faites cuire les carapaces dans un four préchauffé à 230 °C jusqu'à ce qu'elles se craquèlent (environ 30 à 45 minutes). Chauffez l'huile sur feu doux dans une grande casserole et faites sauter les légumes et les tomates pendant 5 minutes. Ajoutez les aromates et assez d'eau pour couvrir. Portez à ébullition, puis réduisez le feu et laissez frémir pendant 5 minutes. Ajoutez les carapaces et le vin blanc. Complétez avec le fumet ou l'eau pour couvrir tous les ingrédients et portez à ébullition.

Réduisez le feu et laissez frémir pendant 1 heure à 1 heure 30. Versez dans une autre casserole à travers une passoire fine. Laissez réduire de moitié sur feu vif. Ajoutez la crème fraîche et laissez réduire à nouveau jusqu'à ce que la bisque nappe le dos de la cuiller. Rectifiez l'assaisonnement et servez.

purée de cresson

Cette purée agrémente indifféremment les soupes et les sauces. Il suffit de l'ajouter au dernier moment en fouettant vigoureusement. (Pour 40 g.)

2 à 3 bottes de cresson
1 cuil. à café d'eau
sel et poivre noir du moulin

Faites blanchir le cresson pendant 10 secondes dans l'eau bouillante, puis rafraîchissez-le sous l'eau froide. Passez le cresson et la cuillerée d'eau au mixer pour obtenir une pâte épaisse. Salez et poivrez, puis réfrigérez.

sauce voodoo

Cette sauce à la fois douce et épicée est délicieuse avec presque tous les aliments. Elle a été créée par le chef Dean Fearing, de Dallas. J'en donne ici ma version. (Pour environ 40 cl.)

1 cuil. à soupe d'huile de sésame
4 poivrons rouges épépinés et hachés
2 oignons hachés
4 gousses d'ail pelées et hachées
4 piments rouges épépinés et hachés
1 mangue pelée et coupée en dés
4 tomates mûres, en quartiers
1 cuil. à soupe de gingembre râpé
10 cl de vinaigre de riz
25 cl de jus d'orange frais
15 cl de vin blanc sec
sel et poivre noir du moulin
coriandre ciselée

Chauffez l'huile sur feu doux dans une grande casserole et faites revenir les poivrons, les oignons, l'ail et les piments pendant 5 minutes. Ajoutez la mangue, les tomates, le gingembre et le vinaigre.

Mélangez bien, puis incorporez le jus d'orange et le vin. Portez à ébullition, réduisez le feu et laissez frémir pendant 30 à 35 minutes. Passez au mixer puis filtrez à travers une passoire.

Goûtez la sauce ; ajoutez 1/2 cuil. à soupe de miel si les tomates ne sont pas assez mûres. Rectifiez l'assaisonnement, puis parsemez de coriandre ciselée.

tomates séchées au four et purée de tomates

Le soleil n'étant pas toujours au rendez-vous pour sécher mes tomates, je me sers de mon four. J'en fais ensuite une délicieuse purée qui se conserve au réfrigérateur dans un récipient hermétique.

12 petites tomates en grappes, bien mûres
100 g de sel fin ou de gros sel
4 gousses d'ail pelées et pressées
1 branche de thym
huile d'olive

Préchauffez le four à 140 °C. Coupez les tomates en deux ou en quatre. Répandez le sel, l'ail et le thym sur la plaque du four. Répartissez les tomates dessus et enfournez pour 1 heure à 1 heure 30. Les tomates doivent être sèches, légèrement élastiques et d'une belle couleur rouge. Ôtez-en tout le sel mettez-les dans des bocaux hermétiques et couvrez-les d'huile d'olive.

coulis d'orange et de tomates

Cette sauce à la fois fruitée et épicée relève à merveille les poissons, les viandes et surtout la volaille. Cette recette permet d'obtenir 40 à 50 cl de sauce.

Gardez-la au réfrigérateur dans un récipient hermétique.

1 cuil. à soupe d'huile d'olive
2 échalotes pelées et hachées
3 gousses d'ail pelées et écrasées
15 cl de vin blanc
1,8 kg de tomates en quartiers
3 oranges pelées et hachées
2 piments épépinés et émincés
sel et poivre noir du moulin

Chauffez l'huile sur feu doux dans une grande casserole. Faites revenir les échalotes et l'ail pendant 2 minutes, puis ajoutez le vin, les tomates, les oranges et les piments. Portez à ébullition, puis réduisez le feu ; couvrez et laissez frémir pendant 30 minutes. Passez ensuite au mixeur, puis versez dans un bocal à travers une fine passoire. Goûtez et rectifiez l'assaisonnement.

crème anglaise à l'ancienne

Pour 50 cl de crème (4 personnes).

6 jaunes d'œufs
100 g de sucre en poudre
1 gousse de vanille
25 cl de crème fraîche épaisse
25 cl de lait
1 cuil. à soupe de Maïzena
1 cuil. à café d'eau froide

Battez les jaunes d'œufs avec le sucre dans un grand saladier pour obtenir un mélange crémeux.

Fendez la gousse de vanille et mettez-la dans une casserole avec la crème et le lait. Portez à ébullition sur feu doux, puis versez la préparation ainsi obtenue sur les jaunes d'œufs, en battant énergiquement. Délayez la Maïzena avec l'eau, puis ajoutez-la à la crème. Versez dans la casserole et mélangez au fouet sur feu doux jusqu'à ce que la crème épaississe.

sirop parfumé

J'utilise ce sirop pour faire pocher des fruits, pour rallonger un coulis, ou encore dans les soufflés.

Cette recette permet d'obtenir environ 30 cl de sirop.

75 g de sucre roux
30 cl d'eau
1 gousse de vanille
1 bâton de cannelle
1 brin de romarin
le zeste d'un citron non traité, coupé en gros morceaux
2,5 cm de racine de gingembre, pelée et émincée
2 anis étoilés

Mettez le sucre et l'eau dans une casserole et portez à ébullition sur feu moyen.

Ajoutez 1 ou 2 des épices ou aromates ci-dessus, mais pas plus. J'essaie de trouver des combinaisons intéressantes, comme citron-romarin ou cannelle-vanille. Laissez frémir pendant 3 à 5 minutes, puis ajoutez vos fruits pour les faire pocher ou retirez du feu, et laissez refroidir.

Ce sirop se garde 8 jours au réfrigérateur dans un récipient hermétique. Si vous voulez le congeler, filtrez-le au préalable.

HUILES ET ASSAISONNEMENTS

Les huiles parfumées apportent couleur et saveur à vos recettes. Elles sont faciles à préparer et peuvent être gardées au réfrigérateur dans des bouteilles (avec un bouchon vissé) pendant 8 jours sans perdre leur couleur. Cette dernière pâlit par la suite, mais l'arôme reste entier pendant plus de 2 mois.

huile à la coriandre ou au basilic

La recette est la même avec tous les aromates (estragon, aneth, menthe, etc.).

1 gros bouquet (environ 200 g) de coriandre ou de basilic, avec les tiges
30 cl d'huile d'olive ou d'huile de pépin de raisin
sel et poivre noir du moulin

Ôtez toutes les feuilles fanées et lavez les autres. Faites-les blanchir 5 secondes dans l'eau bouillante, puis passez-les immédiatement sous l'eau froide. Pressez-les pour éliminer l'eau.

Passez-les au mixeur, puis ajoutez l'huile d'olive en deux fois. Continuez à mixer pendant 2 minutes pour bien libérer les arômes.

Versez dans un récipient propre à travers une passoire doublée de mousseline. Goûtez, assaisonnez et mettez en bouteille.

huile aux poivrons rouges

3 poivrons rouges
2 gousses d'ail pelées
75 cl d'huile d'olive
1 trait de jus de citron

Préchauffez le four à 200 °C. Coupez les poivrons en deux et ôtez les graines. Disposez les poivrons et l'ail dans la lèche-frite et arrosez-les de l'huile. Mettez à cuire au four pendant 30 minutes. Égouttez ensuite les poivrons et l'ail et passez-les au mixer. Filtrez au-dessus d'un bol à travers une fine passoire et laissez refroidir. Filtrez l'huile de cuisson au-dessus d'un autre bol et laissez refroidir également. Quand l'huile et les poivrons sont froids, mélangez-les ensemble avec un trait de jus de citron, puis battez brièvement pour que l'huile ne monte pas comme une mayonnaise.

huile au citron

Vous pouvez aussi utiliser des citrons verts.

30 cl d'huile d'olive
le zeste et le jus de 6 citrons non traités
sel et poivre noir du moulin

Passez tous les ingrédients au mixeur pendant 2 à 3 minutes, puis mettez l'huile en bouteille. Laissez macérer pendant 24 heures, puis filtrez à travers une passoire fine doublée de mousseline pour éliminer les zestes. Goûtez et assaisonnez. Secouez bien avant de servir.

huile à l'ail

2 têtes d'ail non pelées
1 branche de thym
10 cl d'huile d'olive
30 cl d'huile de pépin de raisin
sel

Préchauffez le four à 200 °C. Séparez les gousses d'ail sans les peler. Posez-les sur une feuille de papier d'aluminium avec le thym émietté et arrosez-les de 2 cuillerées à soupe d'huile d'olive.

Repliez la feuille pour la fermer. Faites cuire cette papillote au four pendant 45 minutes.

Laissez refroidir, puis pressez chaque gousse pour en extraire l'ail. Mettez l'ail dans le bol d'un robot ménager, couvrez de l'huile restante et mixez pendant 3 à 4 minutes.

Laissez macérer pendant 1 heure, puis goûtez et assaisonnez. Filtrez à travers une passoire doublée de mousseline et réfrigérez.

huile au raifort

Cette huile au goût piquant est délicieuse avec les légumes et les salades. Si vous ne trouvez pas de raifort frais, utilisez de la crème de raifort.

20 cl de raifort râpé
20 cl d'huile de pépin de raisin
1 cuil. à soupe de vinaigre de riz
sel et poivre noir du moulin

Passez le raifort et l'huile au mixeur pendant 2 à 3 minutes. Ajoutez le vinaigre, goûtez et assaisonnez.

Filtrez à travers une passoire fine, mettez en bouteille et réfrigérez.

PAINS

Votre pain sera d'autant plus savoureux si vous y ajoutez des tomates séchées, des olives, des noix, des graines de tournesol, des raisins secs ou des aromates comme la coriandre, le thym, le romarin ou le basilic. Ces ingrédients peuvent altérer la consistance de la pâte ; ajoutez un peu d'eau ou de farine si elle devient trop sèche ou trop molle.

pains de campagne

Cette recette permet d'obtenir une grosse miche ou 15 à 20 pains individuels.

800 g de farine
1 cuil. à café bombée de levure de boulanger lyophilisée
1 cuil. à soupe de sel
1 cuil. à café de sucre de canne
45 cl d'eau tiède

Beurrez un moule à pain d'une contenance de 900 g. Tamisez la farine dans un saladier et ajoutez la levure, le sel et le sucre. Creusez un puits au centre et versez l'eau tiède. Mélangez à la cuiller en bois, puis pétrissez à la main jusqu'à obtenir une pâte élastique. Couvrez le récipient d'un film alimentaire et laissez reposer la pâte dans un endroit chaud de la cuisine, jusqu'à ce qu'elle ait doublé de volume (1 h 30 à 2 heures environ). Pétrissez à nouveau la pâte pour en évacuer l'air. Mettez-la dans le moule beurré et poudrez sa surface de farine. Laissez-la lever encore 1 demi-heure. Préchauffez le four à 230 °C. Enfournez la miche 30 à 40 minutes (les petits pains doivent cuire environ 10 à 15 minutes). Démoulez sur un linge propre et tapotez le dessous ; s'il sonne creux, le pain est cuit. Laissez-le refroidir sur une grille.

pain complet

575 g de farine complète à la température de la pièce
2 cuil. à café de sel
2 cuil. à café de levure de boulanger lyophilisée
40 cl d'eau tiède

Beurrez un moule à pain d'une contenance de 900 g. Mélangez la farine, la levure et le sel dans un grand saladier. Creusez un puits au milieu et ajoutez l'eau. Mélangez à la cuiller en bois pour obtenir une pâte. Posez celle-ci sur le plan de travail fariné pour la pétrir. Mettez la pâte dans le moule beurré, couvrez-la d'un linge légèrement humide et laissez-la lever dans un endroit chaud de la cuisine pendant 45 minutes à 1 heure. Préchauffez le four à 230 °C.

Quand la pâte atteint les bords du moule, enfournez-la pour 45 minutes environ. Démoulez la miche sur un linge propre et tapotez le dessous avec une phalange pliée. Si ça sonne creux, le pain est cuit. Laissez refroidir sur une grille. Vous pouvez rendre le pain plus croustillant en le passant dans un four à 200 °C pendant 5 minutes avant de servir, poudré de farine.

brioche

Enrichie en beurre et en œufs, la brioche est à mi-chemin entre le pain et le gâteau. On la mange au petit déjeuner ou pour le goûter. Elle se congèle bien ; préparez-en une ou deux à l'avance pour les urgences !

500 g de farine
1 cuil. à café bombée de levure de boulanger lyophilisée
1 cuil. à soupe bombée de sucre en poudre
250 g de beurre
10 cl d'eau tiède
6 œufs battus
1 cuil. à café de sel

Beurrez un moule à brioche d'une contenance de 900 g, ou deux plus petits. Mélangez la farine, la levure et le sucre dans un saladier. Travaillez le beurre pour l'amollir et incorporez-le à la farine avec l'eau, la plus grande partie des œufs (réservez-en un peu pour le glaçage) et le sel. Mélangez bien, puis pétrissez le tout pour obtenir une pâte souple mais non collante.

Mettez cette pâte dans un saladier, couvrez d'un film alimentaire et laissez lever pendant 45 minutes à 1 heure jusqu'à ce qu'elle ait doublé de volume. Pétrissez ensuite la pâte pour en évacuer l'air. Divisez la pâte si vous souhaitez préparer 2 brioches. Prélevez un peu de pâte pour former le « chapeau » de la brioche (environ 1/4 du volume total).

Façonnez en boule la plus grosse partie de la pâte et tassez-la dans le moule. Farinez vos doigts et faites un trou au milieu. Façonnez le reste de pâte en forme de larme et posez-le dans le trou, pointe vers le bas, en appuyant pour faire adhérer. Procédez de la même manière avec la seconde brioche si vous en préparez deux. Mettez le moule dans un endroit chaud de la cuisine et laissez lever la pâte jusqu'à ce qu'elle en ait atteint les bords. Préchauffez le four à 180 °C.

Appliquez au pinceau le reste de l'œuf battu sur la brioche et enfournez-la pour 30 minutes ou jusqu'à ce que sa croûte soit d'un beau brun-doré.

Pour vous assurer que la brioche est bien cuite, démoulez-la sur un linge propre et frappez le dessus avec une phalange pliée. Si ça sonne creux, elle est cuite.

pitas

Ces pains originaires du Moyen-Orient peuvent être fendus, puis garnis de légumes ou de sauces.

750 g de farine
2 cuil. à café de sel
1 cuil. à café de levure de boulanger lyophilisée
40 cl d'eau tiède
1 cuil. à soupe d'huile d'olive

Tamisez la farine dans un saladier avec le sel et la levure. Ajoutez progressivement l'eau en remuant pour obtenir une pâte (c'est plus facile à l'aide d'un robot ménager).

Divisez la pâte en 12 parties et pétrissez chacune d'entre elles. Façonnez des boules que vous abaisserez du plat de la main en leur donnant une forme ovale.

Laissez lever un peu la pâte pendant que vous allumez votre gril à température moyenne. Aspergez chaque pain d'un peu d'eau froide et passez-les rapidement sur le gril jusqu'à ce qu'ils gonflent et dorent légèrement, puis retournez-les et cuisez l'autre côté.

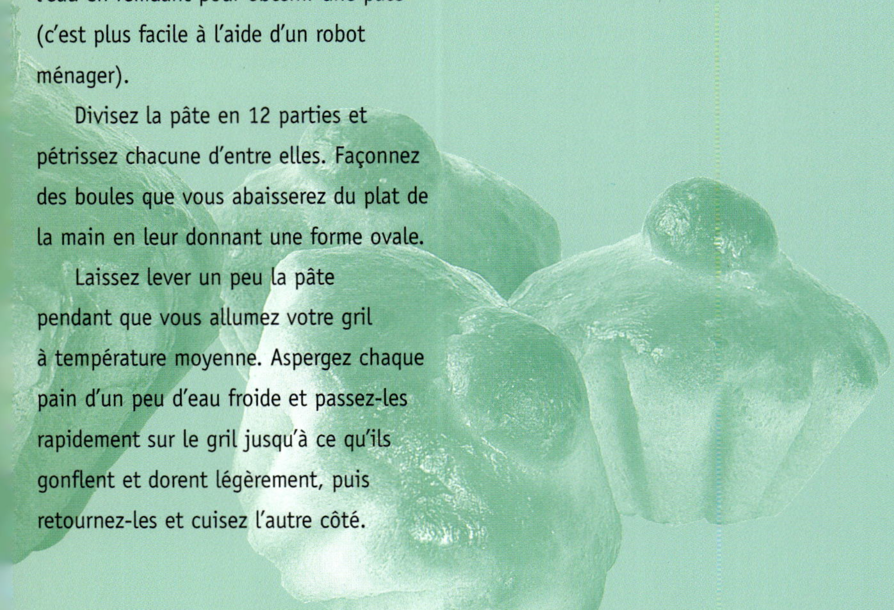

pain frit à l'indienne

Ce pain accompagne merveilleusement les plats asiatiques. Parfumez-le si vous le souhaitez avec de l'ail ou des graines de coriandre.

500 g de farine complète
1/2 cuil. à café de sel
2 cuil. à soupe d'huile
10 cl d'eau tiède
huile pour la friture

Tamisez la farine et le sel dans un grand saladier, ajoutez l'huile et l'eau, puis mélangez pour obtenir une pâte ferme. Posez celle-ci sur le plan de travail fariné et pétrissez-la quelques minutes pour l'assouplir. Façonnez 15 à 20 boules de pâte que vous abaisserez en ovales de 12 cm de long sur une surface huilée.

Chauffez l'huile à 175 °C dans une grande casserole ou dans une friteuse. Faites frire 4 pains à la fois en les immergeant tour à tour dans l'huile à l'aide d'une écumoire. Laissez cuire jusqu'à ce que les pains soient dorés et gonflés (environ 4 minutes de chaque côté). Égouttez et servez immédiatement.

POIDS ET MESURES

températures du four

70 °C	thermostat 1
90 °C	thermostat 2
110 °C	thermostat 3
130 °C	thermostat 4
150 °C	thermostat 5
170 °C	thermostat 6
200 °C	thermostat 7
220 °C	thermostat 8
240 °C	thermostat 9
250 °C	thermostat 10

pour peser et mesurer sans balance

1 cuillère à café rase qui contient 0,5 cl de liquide, donc 5 g d'eau contient :

- **entre 3 et 5 g** de sucre semoule
- **entre 3 et 4 g** de farine
- **entre 5 et 6 g** de sel fin
- **5 g** de tapioca
- **3 g** de fécule

1 cuillère à soupe rase qui contient 1,5 cl de liquide, donc 15 g d'eau contient :

- **10 g** de sucre
- **10 g** de farine
- **8 g** de fécule
- **5 g** de cacao
- **15 g** de sel fin
- **15 g** de beurre
- **25 g** de miel

À noter : ces mesures sont approximatives, car toutes les cuillères n'ont pas la même contenance.

1 morceau de sucre = **5 g** de sucre

index

R

S

T

V, W, Y

TABLE DES RECETTES

remerciements

Les éditeurs tiennent à remercier Salima Hirani, Laura Price, le Conran Shop et Sarah Lowman.

Crédits photographiques 8 (gauche et droite) David Murray; 9 (haut) Tony Stone Images, (bas) Telegraph Colour Library; 11 (gauche) The Image Bank, (droite) The Stock Market; 14 Telegraph Colour Library; 15 Elizabeth Whiting Associates; 19 Elizabeth Whiting Associates; 22 Telegraph Colour Library; 23 Telegraph Colour Library; 24 Tony Stone Images; 26 The Image Bank; 83 (haut et bas à droite) Caroll & Brown, (bas à gauche) Ocean Home Shopping; 87 (haut) Elizabeth Whiting Associates; 88 (gauche et droite) IKEA; 93 (bas à gauche) Telegraph Colour Library; 95 (bas à gauche) Caroll & Brown; 104-105 Pictor International; 112-113 IKEA; 113 (haut) Elgin & Hall; 119 (haut) IKEA; 124 (bas à gauche) Telegraph Colour Library; 127 (haut à gauche) Pictor International; 128 The Image Bank; 130 (droite) Telegraph Colour Library; 132 The Image Bank; 135 (droite) Telegraph Colour Library; 137 The Image Bank; 140 Tony Stone Images; 141 Chris Gascoigne, VIEW; 144 Tony Stone Images; 145 (centre) Telegraph Colour Library.

à propos des auteurs

SIMON BROWN était ingénieur concepteur avant de s'intéresser aux médecines orientales en 1981; il devint alors spécialiste du Shiatsu et consultant en macrobiotique. Après avoir dirigé pendant sept ans la London's Community Health Foundation dont le champ d'action couvrait de nombreuses thérapies orientales, il se consacre exclusivement au Feng Shui depuis 1993. Il compte parmi ses clients de nombreuses célébrités comme Boy George, mais également de grandes sociétés, comme The Body Shop et British Airways.

Il a écrit plusieurs ouvrages sur le sujet, collabore à la rédaction de nombreux journaux et participe régulièrement à des émissions de radio et de télévision.

Pour contacter Simon Brown :
HTTP://ourworld.compuserve.com/homepages/simonbrown_fengshui
ou par e-mail au 106025.3515@compuserve.com

STEVEN SAUNDERS est un chef réputé à la forte personnalité. Après des débuts au *Savoy* de Londres, il fonda son premier restaurant, *The Pink Geranium,* avec sa femme Sally en 1987. En 1991, il fut sacré meilleur restaurateur de l'année au Royaume Uni et *The Pink Geranium* reçut le titre de restaurant de l'année en 1995. En 1997, Steven et Sally ouvrirent leur second restaurant, *Sheene Mill,* qui a été nommé la brasserie la plus branchée de Londres. En 1995, Steven lança une émission de cuisine, *Ready Steady Cook,* pour la BBC, qui fut sacrée meilleur show du genre en 1998 et fit de lui une célébrité. Il participe depuis à de nombreux programmes télévisés dans son pays et à l'étranger.

Steven a également ouvert sa propre école de cuisine, une société de conseil aux restaurateurs et une prestigieuse boutique de traiteur. Il a écrit de nombreux ouvrages de cuisine.

Pour contacter Steven Saunders : www.stevensaunders.co.uk